県庁そろそろクビですか?

「はみだし公務員」の挑戦

円城寺雄介

Yusuke Enjyoji

小学館新書

県庁そろそろクビですか?「はみだし公務員」の挑戦

目次

新しい人事制度の取組み／虎の穴——人材マネジメント部会へ／お前たちは給料泥棒だ！／変革を待つな、自分で起こせ／リード・ザ・セルフ／嫌われる勇気

第3章　命を救う救急医療変革

最悪と呼ばれた職場へ／膨大な仕事量／盟友との衝撃的な出会い／マイナスからのスタート／揃わない足並み／大ベテランによる直談判／救急出動要請！／救急医療最前線で見た現実／再び医療現場へ／医師は神様ではない／搬送情報の共有と見える化／行き詰まりを打破したタブレット型端末／灰色の季節／死ぬ気になれば何でもできる／深夜の大ゲンカ／命令ではなく共感で動く／無関係のものからヒントを得る／葉っぱビジネスでひらめく／困ったときは足元を見直してみる

外部人材を積極的に活用する／あなたの身近にもすごい公務員が／
黒澤明『生きる』で描かれた公務員の姿／
すべての人に世の中を良くする力がある

序章

はみだす覚悟が世の中を変える

私を救急車に乗せてください

「なんば考えとっとね、君は！　バカじゃなかね！」

消防局の副課長に呆れられたことを今も昨日のことのように覚えている。私が佐賀県庁の医務課に異動になって数日後の、２０１０年4月のことだった。

佐賀駅にほど近い佐賀広域消防局。佐賀市周辺の4市1町で構成され、管内の人口は約35万人、局内に救急車３台を配備する佐賀消防署なども抱える、佐賀県でも最も大きな拠点のひとつである。出動に備え、丁寧に整備された真っ赤な消防車と真っ白な救急車が整然と並ぶ姿を横目に、私は3階の消防課の入口を恐るおそる覗き込んだ。

「あの……すみません」

「どうされましたか？」

「県庁の者ですが、ちょっとお願いごとがありまして……」

「はい、なんでしょうか？」

「あ、いや、その……救急車に乗せてもらえないかと思いまして」

「え？　大丈夫ですか？　病気ですか？　けがですか？」

「いえ……あ、いやその……病気でもけがでもなくて……」

「は？」


対応してくれた署員は怪訝な顔をしている。私は、不審者扱いされかねない状況に焦りながら名刺を取り出し、冷や汗をぬぐいながら来訪目的を説明した。

自分は県庁の医務課に異動になったばかりで、いわゆる〝救急患者のたらい回し〟問題など何が実際の課題なのかを知るために、救急医療の現場を自分の目で見たいと考えている。ついては、救急車に同乗させてもらって実体験させてもらえないだろうか、と。

署員の顔色が曇り、明らかに困惑しているのがわかった。突然、消防署に県庁の一職員が訪ねてきて「救急車に乗せてほしい」と言うのだ。

何とか消防局の責任者に取り次いでもらい、そこでも同じように来訪目的を話して「救急車に同乗させてもらえませんか?」とお願いをした。

そのときに責任者として応対してくれた人が、当時、佐賀広域消防局消防課副課長であった高祖《こうそ》健一さんだった。

その高祖さんが私の話を聞いて、「なんば考えとっとね、君は!」と厳しい口調で言ったのである。

高祖さんはさらに言った。

「遊びじゃなかとよ! わかっとる? 救急の現場は戦場と同じよ! 我われ救急隊員は赤信号だって突っ込んでいくし、患者はどがん病気を持ってるかわからんから、我われだって感染のリスクもあるとよ。そがん厳しい現場にふらっと入りたいって、いったい君はなんば考えとっとね!」

高祖さんが言うのはもっともなことである。人の命を預かり、さまざまなリスクと隣り合わせで1分1秒を争う救急医療の現場に、何も知らない素人がいれば邪魔でしかない。

それどころか、私が入ったがために何かあったとしたら、誰がどう責任を取ればいいのか。私も同じ公務員として、現場のルールから外れることはできないという大原則はよくわかっていた。

そこをあえて無理なお願いをしたのは、私自身が県庁での仕事を始めてからこれまでの職場で学んできた「現場主義」がなければ仕事はできないという信念があり、いかんともし難い想いがあったからだ。「現場を知らなければいい仕事などできない。効果的な政策など打てるはずがない」――これが私の行動原則だった。

佐賀伝統の「現場主義」

救急医療における改革がなぜ難しいか。

その理由のひとつは、ステークホルダー（利害関係者）がとても複雑であることが要因となっている。

例えば、行政機関の関係を例にあげてみると、救急車や救急隊員は市町村の所管であり、県庁では各県で課の名称が異なるが消防防災課や消防保安課といった部署が調整を行い、国では総務省消防庁が総括している。一方、その救急車を受け入れる救急医療機関は、大学法人・公立病院・地方独立行政法人・医療法人・私立などの様々な形態があり、県庁は医務課や医療政策課が許認可等を行い、国では厚生労働省が総括している状況である。

救急搬送される患者は同じだが、「救急車」と「救急医療機関」は所管省庁が異なっていることから省庁間の連携や情報共有の努力はされているが、データ等を一貫して集約することが難しい状態にある。行政の縦割りの弊害と言われれば返す言葉がない。

私が「バカじゃなかね！」と言われた背景には、前例がなかったことに加えて、消防・救急業務は市町村の業務であり、佐賀県庁では消防防災課が担当していることから、県職員でさらに医務課勤務の私は完全に部外者であったことが大きな理由として挙げられる。決して高祖さんたちが悪いわけではない。

それでも、なぜ禁を破ってまで私が現場に行きたかったのか。繰り返すが、「現場主義」での変革は私の行動原則であると共に、佐賀の伝統だからだ。

佐賀県民でも意外に知らない人が多いのだが、幕末維新期の佐賀は、日本の最先端を走っており、日本で最も科学力を持っていた地方だ。その技術力は時の江戸幕府を大きく上回るほどだった。佐賀藩は、黒船が日本へ襲来する前にいち早く欧米列強の植民地支配に危機感を抱き、当時は西洋の文化は悪で排除すべき（攘夷《じょうい》）とする考えや雰囲気が大多数を占める中で、逆に積極的に西洋の技術を取り入れた異端な藩であった。

新しいこと、特に他藩と違うことを行うことについては藩内外からの批判も多かったが、結果的に大砲を製造するための製鉄を行う反射炉の実用化に成功し、さらに蒸気機関車のミニチュアの製造、実用的な国産初の黒船（蒸気船）の建造を行うなど、他藩だけでなく江戸幕府からも一目置かれ、日本をリードする立場になったのである。

その変革の原点となったものが「現場主義」であった。

佐賀藩の変革をリードしたのは佐賀藩主・鍋島直正という殿様で、自ら現場に立って情報を確認する「現場主義」と「率先垂範」の人であった。当時のタブーであった西洋文化を学ぶことについても、直正公が自らオランダ商館を訪ね、朝から晩まで熱心に説明を聞いている。さらにオランダ軍艦が入港したと知るや、殿様自ら軍艦に乗り込んで情報を聞き出すということを、なんと4回もやっている。前例のないことで許可をしぶる長崎奉行には「異国船の能力を知らずして長崎警備の任が全うできるものか！」と主張して一歩も引かなかった。

「新しいことは慣習を破ってでも学ぶべし」「常識を打ち破るのがリーダーの仕事」という直正公の姿勢は部下である家臣たちに大きな影響を与えた。殿様が率先して行えば家臣もやらないわけにはいかない。日本最先端の科学力を持つ佐賀藩はまさに「現場主義」により実現したのだ。

このような佐賀の先人たちの歴史を知る人間として、また時代は違えども「世の中のため」に仕事をする一人として、たとえバカだと言われてもやらずにはいられなかった。その当時、佐賀県庁のトップであった県知事の古川康《やすし》氏は「オープン」「現場主義」「県民協働」を掲げ、現在の県知事の山口祥義《よしのり》氏も「現場」「ミッション」「プロセス」を掲げており、「現場」というキーワードは現代においても変わらない佐賀の伝統といえるだろう。

そして私の「救急車に乗せてください！」という前例のない行動が、その後の救急医療現場でのＩＣＴ活用の気運をつくり、それが、不可能だと言われていた救急搬送時間の短縮を実現した。さらに救急現場を可視化して情報共有したことが関係者の連携を強くして、ドクターヘリの導入にもつながった。この佐賀県の挑戦が全国に広がり日本の救急医療を変えようとしている。

佐賀県という一地方で一介の県庁職員が始めたことが、様々な賞をいただくことにつながり、世界的に有名なプレゼンテーションの場である「ＴＥＤx」での登壇や、東京大学など多くの学校で講義をする機会にもなった。全国放送の密着ドキュメンタリー番組であるＴＢＳ『夢の扉＋』では「〝たらい回し〟をなくせ！　スーパー公務員の挑戦」として取り上げてもらい、小学５年生の社会科の教科書でもその取組みが紹介され、インターネット上では、これらのことが救急医療分野だけでなく様々な分野で挑戦する人の後押しとなっているという声も寄せられている。私の経験や佐賀の取組みが、幕末のように全国へ発信できているのであれば、本当に嬉しい限りである。

本書を執筆した2つの理由

先日、新聞を読んでいて２つの記事に衝撃を受けた。ただの県職員である私がこのような著書を出すという決断に至った理由は、この２つの記事を見つけてしまったことにある。この２つの何げない記事に私は「危機感」を感じた。

ひとつ目は「都道府県別魅力度ランキング２０１５　佐賀県46位」という記事。

２つ目は「就職したい企業・業種ランキング、第１位は地方公務員、第２位は国家公務員」という記事だ。

「都道府県別魅力度ランキング」とは民間シンクタンクが魅力度、認知度、観光意欲度などの項目に加えて出身都道府県に対する愛着度、自慢度などを評価したものである。

前述したとおり、私は幕末の佐賀が日本をリードした歴史を誇りに思っているし、佐賀には肥沃な佐賀平野と山地があり、さらには玄界灘と有明海という2つの海に囲まれた、豊かな自然と食に恵まれた魅力ある地域だ。新鮮で透きとおる呼子《よぶこ》のイカの活き造りを食べて感動しない人に会ったことがないし、シシリアンライスという佐賀のB級グルメは、東京から撮影に来たテレビ番組『夢の扉+』撮影スタッフが3日間で4回食べるほどおいしい。清流で育てられた小城《おぎ》の鯉はまったく泥臭さがなく友人のグルメなニューヨーカーが舌を巻いて降参するほどである。佐賀のイベントにゲスト参加していただいてからご縁をいただき、今回カバーイラストを描いていただいた、『まじかる☆タルるートくん』や『東京大学物語』で知られる漫画家の江川達也さんも「何げなく出てくる米と水が驚くほどうまい！」と大絶賛だった。日本酒もうまいし、温泉も美肌の湯で本当に癒される。それなのに46位とは本当に悔しい。

本書は残念ながら観光本ではないのだが、佐賀県庁の仕事を紹介することで少しでも佐賀に興味を持っていただくきっかけとなれば嬉しいし、佐賀に住んでいる人にはぜひ佐賀を誇りに思ってほしい。微力だが佐賀をアピールしたいという思いが、本書を執筆することを決めた理由のひとつである。

もうひとつは「公務員のイメージを変えたい」ということ。

多くの人が公務員の魅力は安定していることだと思っているかもしれないが、私は「社会のために挑戦できること」が公務員の魅力だと思っている。

世間的な公務員のイメージには「挑戦」という要素はあまりないかもしれない。むしろ、挑戦とは真逆の、決められたルールを守り新しいことには手を出さないというイメージのほうが強いかもしれない。もちろん、ここで言う挑戦とは、私利私欲の混じった自分のための挑戦ではなく「公のための挑戦」である。望まない職場に異動になったり出世が遅れたとしても、私利私欲で悪いことをしなければクビになることはない。公務員の世界にももちろん出世はあるが、例えば年齢が同じであれば部長級の幹部職員とヒラ職員でも給与はそんなに変わらない。民間企業のように給与に数倍、数十倍差が出たり、何かしでかしてクビになるリスクがあるなら、私も本書で取りあげていくような「挑戦」はできなかったかもしれない。現在の日本の公務員制度は批判も多いが、本来は安定した待遇によって「公のための挑戦」をしやすくし、少しでもよりよい社会を実現してほしいという先達たちの願いや祈りが込められているように思えてならない。

たとえ周りが何と思おうが、どんな評価をされようが、いい仕事をするために挑戦していけるのが、公務員の最大の魅力なのだと私は思う。仕事を成し遂げることで、後々の人たちのためになり、世の中で救われる人、笑顔になる人が増える。そういった公のためになることを、困難に立ち向かって突破することができるのが公務員なのだ。

しかしながら、公務員を志望する人は増えているものの、「挑戦心」を持ってやってくる人は、それほど多いとは思えない。

むしろ、前述したように安定志向のイメージが独り歩きして、競争しなくてもいい、成果に追われずクビにならない職業として公務員人気が高まっているとしたら、それは本末転倒だろうし、厳しい言い方をすればそんな職業は近い将来、社会から必要とされなくなってしまうだろう。

また、それは公務員の世界だけに限らない。最近の日本社会全般においても、挑戦のリスクばかりが取り沙汰されて、みんなと同じ道から外れることのできない傾向があるような気がしてならない。

いわゆる大企業至上主義の就活においても、学生たちの中には、その企業でしかやれないことをしたいという「挑戦心」よりも、周囲が認めてくれる就職先だから、といった他人の眼ばかりを気にした選択から抜け出せなくなっている人も多いと聞く。

つまり、自分の頭で判断し、自分の想いに素直に行動することが怖くなっているのだ。

これは、今の日本人の多くが問われている課題だと思う。SNSや情報デバイスの普及で、多くの人の声や情報が共有できるようになった半面、逆に他人の評価を気にしすぎて、本来の自分を見失っているケースも多い。

その結果、現状を変えなければという想いがありながら、行動につながらないままになっているのではないだろうか。

はみだしたらこうなった

これから私が佐賀県庁へ入庁してから実際に体験したことを綴っていくが、伝えたいことは、公務員という世の中で最も変革に縁遠く、何もしないと思われている仕事でも、はみだす覚悟さえあれば意外に何でもできるということだ。

冒頭で述べた救急車に同乗するという前例のない行動は、誰かに指示されてしたわけではなく自分で考えてやったこと。この後さらに県内すべての救急車にタブレット型端末iＰａｄを配備して消防と医療を双方向でつなぐ情報ネットワークを整備するという、結果的に日本どころか世界に前例がないことを達成させていただくことになるのだが、これももちろん命令や指示があったわけではない。

これは公務員の世界だけでなく民間企業でも同様のことがあると思うが、大きな組織になればなるほど、意思決定の仕組みが複雑になる。役割分担も複雑になり縦割りの弊害も出てくる。個人の成果は評価されず、常に組織としての仕事と認識されることが多くなる。もちろん組織にいる以上、個人としてより「組織の中のひとり」に徹しなくてはいけない側面があるのは理解している。しかし、その組織としての認識が強すぎると、個人の成果が評価されないどころか、〝出る杭を打つ〟ようなことが行われるようになってしまう。

また、みんなで力を合わせていい仕事をしたいと思い集まった個人の集団が、大きな組織になるとなぜか自分の頭で考えなくなり、上からの指示待ちの集団になってしまったりする。モチベーションもあがらず、無責任な体質ができあがってしまうことも多い。これでは何のために組織を作るのかわからない。

21世紀になり私たちの社会には様々な変化が起きているが、この組織と個人のジレンマは昔からあまり変わっていないように思える。そろそろ新しい時代の役所や会社のあり方ができてもいいのではないだろうか。

従来の「組織の中に取り込まれた個人」から、「組織からはみだし、主体性を持って行動し成長することで組織内外に貢献できる個人」へと、そんな新しい組織と個人のあり方があってもいいのではないだろうか。それは公務員に限らず、すべての働く人が心の奥で渇望している「働くこと」の意義にもつながるのではないだろうか。

そのために、先ほど紹介した佐賀の鍋島直正公のように「率先垂範」で、まずは自分自身がやってみる必要があると思っている。

実際に私もはみだしてみたところ、たしかにデメリットもたくさんあった。『夢の扉＋』の件でも、取材依頼がきた当初は「佐賀県として取り上げられるなら取材を受けるが、円城寺ひとりでしたことじゃないから個人として取り上げられるなら受けられない」という県庁の見解があり、番組ディレクターが憤慨する一幕もあった。

しかし、ひとつひとつ丁寧に説明していった結果、最終的に番組は私個人の仕事ぶりを取り上げていただくものになった。特に処罰もなかったしクビにもならなかった。むしろその番組の取材の中で、当時の県知事であった古川康氏が「円城寺をすばらしいと思うのは、私にまったく相談したりしていないということ。知事がやれと言ったり、知事が喜ぶだろうなんてことは微塵も考えていない。最終的にはこういうことをやりましたという報告がきたが、こうやって自分で考えて行動する職員がいることは首長にとっても頼もしくうれしいものだ」と言って評価してくれていることもわかった。

また、番組を見て勇気をもらったというメールやお手紙と、そういう公務員を認めている佐賀県庁はすばらしい組織だというお褒めの言葉もたくさんいただいた。はみだした私を見て、公務員になっても面白い仕事ができるんだ、と実際に公務員になってくれた若い人もいる。

誤解があるといけないが、はみだすこと自体に意味があるのではない。誰かのため社会のため何かを達成する道すがらで、はみださざるを得ないことが起きたらそれを恐れるべきではない、ということだ。もちろん、はみだす覚悟には、周囲に迷惑をかけないという責任が伴う。

はみだし者になったことで無くしたものもあったが、それ以上にたくさんのものを手に入れることができた。経済界や政界の第一線で活躍するような、これまでは新聞やテレビを通じてしか接することのなかった方たちと直接お会いし、たくさんのことを学ばせていただき、さらには一緒に仕事をさせていただくことにもつながっている。

はみだすことは思っていたよりも悪いことじゃない。覚悟さえできれば、予想もしていなかった楽しいこともたくさんあるのだ。

世の中を良くするために変革を起こすのは一部の人たち、特別な英雄や偉人だけがやれることだというのは誤解だ。

普通の人間、私のような普通の一公務員でも変革を起こすことができる。規模の大きさや見栄えは関係ない。それまで不可能だと思われてきたこと、誰も変えようとしなかったことを、少しでも人々のためになる方向に変えることができれば、それは立派な変革なのだと私は思う。

自分だけでは難しいことでも、一人でも同志ができれば、途端に可能性の色が濃くなる。とはいえ、情報だけを伝えても人は動かない。情熱が伝わって、共感して初めて人は動く。

情報デバイスやネット環境は飛躍的に進化し整っているのに、なぜ現状を変えられないのか。皆さんに能力がないわけでも、周りの環境が悪いのでもない。

私は極めて普通の人間だ。自分が特別な人間だと思ったことは一度もない。ただ少しだけ変わったところがあるのだとしたら、自分が何をすれば状況がどう変わるのか、真剣にがむしゃらに考えて行動し続けてきた、ということだけだ。

そのときに外してはならないセオリーは何か。どうすれば普通の人でも変革を起こすことができるのか。本書は多くの失敗も含めて私が経験したことをまとめたものだ。「やるべきだ」と思ったことを成し遂げる志を持ち、論理的な行動をひとつひとつ積み重ねていけば、絶対に変革を成し遂げることができる。

肩書きや権限のあるなし、自分の置かれた環境を嘆くことなく、自分がやると決めれば何でもできる。

県庁内外の友人たちから「はみだし公務員」と呼ばれ「そろそろ佐賀県庁クビになるんじゃないの?」とからかわれている私だからこそ伝えられることがある、と信じて、筆を進めていきたい。

第1章

県庁職員の知られざる日常

原点となった子ども時代

「ないこと」を嘆いたり他人をうらやむよりも、足元の資源を見直し知恵をしぼって「あること」を自分で作り出していく。そんな私の思考の原点は、父と母の教え、そして佐賀の環境かもしれない。

私は、警察官の父と明るい母のもと、1977年に佐賀県で生まれ、高校までを佐賀で過ごした。特別ではないごく普通の家庭だった。

違うところがあるとすれば、子ども時代は佐賀の大自然の野山が遊び場だった。父が大病を患いしばらく働けなくなったこともあって生活は決して楽ではなかったため、おもちゃを買ってもらうこともなかった。だから自分でさまざまな工夫をして遊ぶようになった。山や川には遊び方が無限にあり飽きることはなかった。また、友達がアニメの玩具を買ってもらっている中で、私は親から与えられた「粘土」を使って、空想をしながら欲しい玩具を自分でつくっては壊し、また新しくつくるということをくり返して遊んでいた。大人から与えられた遊びではなく、自分でルールを決めて無限に遊ぶ子どもだった。

母はおもちゃの代わりに、毎週、町で唯一の図書館から、さまざまなジャンルの本を借りてきてくれていた。私が読む読まないに関わらず、科学や宇宙の本、昆虫などの生物や歴史の本まで、多様なジャンルの本が常に目に触れる環境をつくってくれた。小さい片田舎の町だったが、本のおかげで私の好奇心は無限に広がっていった。

高校時代は父の愛読書である歴史小説『三国志』をたまたま読んだことから歴史に興味を持ち、当時廃部寸前だった社会研究部を復活させたりもした。そのときに「円城寺」という変わった自分の名字の由来を知ることになった。佐賀の戦国武将で特に武勇に優れた「龍造寺四天王」と称された円城寺信胤《のぶたね》という人物が祖先であった。ある戦で主君を守って闘い一族ほとんど討死してしまい、生き残ったものは山へ引っ込んで静かに暮らすようになったようだ。

自分の祖父母はどうしてこんな山奥に住んでいるのだろうという、幼い頃からの疑問が解決し、歴史と現在がつながった。先人たちの活躍や苦労は遠い世界のことではなく自分とつながっていると思うと、私もその大きな脈々とつながる歴史の1ページの中で生きているという「個人という私を超えた何か」を感じ、歴史学者になろうと志した。

しかし日本史だけは全国トップ、他の科目は赤点スレスレの成績だったことから、大学は成り行きで歴史学者に関係のない立命館大学経済学部に入学することになった。就職も「ほかに特に行くところもない」というまったく消極的な理由で佐賀県庁で働くことになった。

おそらく同期入庁者の中で最も志が低かったであろう。「安定しているから」という理由で入庁したほうがまだいいのかもしれない。

2001年春、そんな〝最低〟のスタートだった。

「現場主義」を学んだ最初の職場

入庁を翌月にひかえた2001年3月のこと。実家にいた私宛に、聞いたこともないようなところから電話がかかってきた。

「雄介、唐津土木事務所というところから電話がかかっとるよ」

母が怪訝な顔で私に告げた。まちがい電話かと思いつつ受話器を取ると、思いがけないことを言われた。

「あの、4月からうちに来られるということで電話させていただいたのですが」

「え、いや、そちらは受けてませんが何かのまちがいではないでしょうか？」

「いや、でもお名前が」

「いやいや、建設会社は受けてないですし、誰かと勘違いされているのでは？」

まったく話がかみ合わず、電話線を挟んでお互いに困惑した時間が流れた。確かに、大学時代に土木工事の現場で警備員のアルバイトをしたことはあるが、土木事務所の採用試験を受けた覚えはない。

実は土木事務所というのは県庁の出先機関（佐賀県庁では現地機関と呼ぶ）の一つであり、県が管理する道路や河川、公園、港湾などのインフラの維持や工事を担い、当時の佐賀県庁では県土づくり本部（土木部）に属する県庁の職場だった。その当時の私はそんな組織や仕事が県庁にあることなどつゆ知らず、間違い電話だと決めつけていた。

だが、実際は、唐津土木事務所が私の4月からの配属先だった。

県の人事異動の情報は3月末に地元の新聞に掲載されるが、その職場は県庁から車で1時間半ほどかかる場所だったため、引っ越しの準備も必要だろうということで、そこに配属になる新入職員には親切にも事前に電話が入っていたのだ。

県庁職員といえば県庁で勤めをするもの。そう思い込んでいた私にとっては、土木事務所はまったくの想定外であり、いったい自分はそこで何をするのだろうという戸惑いしか感じなかった。

4月1日に新規採用職員辞令交付式と呼ばれる入庁式があり、そこで私が受け取った辞令は「唐津土木事務所　用地課勤務を命じる」というものだった。

辞令を読み上げられたときは咄嗟に「用地課」という漢字が思い浮かばず「幼稚課」だと思ったくらい、土木事務所がどんな業務を行っているかも知らなかった。そもそも、土木事務所と言われても作業服を着た技術系の人たちが詰めているイメージしかない。大学時代にアルバイトでやっていたので現場の交通整理には自信があったが、そんな職場で私はどんな仕事をするのだろうかと不安になった。

記念すべき最初の職場は唐津市というところで、佐賀県の北西部に位置しており玄界灘という日本海側に面している町である。その名前のとおり、朝鮮半島を経て唐の国(現在の中国大陸)へと通じる玄関口の津(港)であったことから唐津と呼ばれるようになったと聞いた。この唐津の海は本当に美しい。伝説のダイバーと呼ばれるジャック・マイヨール氏は少年時代にこの唐津の海で初めてイルカと出会い海に魅せられるようになった。日本三大朝市で名高い「呼子の朝市」では地元で獲れた新鮮な魚介類が売られ、日本三大松原に数えられる「虹の松原」や海に面する唐津城などの見どころも多い。ちょっとしたリゾート地のような雰囲気もあり、海も山も本当に美しい地域だ。食べ物も本当においしいし安い。新鮮で透きとおるイカの活き造りが味わえるのも唐津にある呼子という町だし、浜玉町には地元の養鶏農家が営む「たまご色のケーキ屋さん」という店があり、このお店のロールケーキは本当に最高で休日には隣の福岡県からわざわざ買いに来る人も多い。

この唐津で味わえるものと同じものを東京で食べるとすれば間違いなく倍以上の値段がつくことだろう。私も他県から友人が佐賀を訪ねてくる際には時間があれば必ずこの唐津を案内するほど、佐賀の中でも本当にすばらしい町なのだ。

そんな唐津の港の近くに唐津土木事務所があったのだが、県庁本庁に比べるとのんびりとした雰囲気が漂っていた。

土木技術者や建設会社の人が多いのか、スーツを着ている者はほとんどいない。来客や電話応対では佐賀弁の会話が飛び交い、笑い声や雑談の声が聞こえる。にぎやかでアットホームな雰囲気だ。昼休みにはみんなでソフトボールをし、午後は眠い目をこすりながらパソコンを叩く。定時になればまたソフトボールをするか飲みに行く。もちろん仕事が忙しいときは残業をすることもあるが、殺伐としたりギスギスした空気はなかった。私が新入職員として配属された頃の唐津土木事務所はそんな雰囲気だった。

職員にもユニークな人が多く、私の隣の席の先輩は朝から晩まで一心不乱にパソコンに向かっていたが、その人は一日中誰とも一言も口をきかないことで有名だった。私は毎朝挨拶をしているのだが1年間で結局一度も声に出して挨拶を返してくれたことはなかった。横目で見ると表計算ソフトで何かの作業をしているのだが、それが何の仕事なのかは誰も知らなかった。

そうかと思えば、事務所の階段の踊り場で壁のほうに手を向けてじっと立ち止まっている人がいる。私が「あの……何をしてるんですか？」とたずねると「ん？　壁に〝気〟を送っているんだよ」と私の顔も見ずに答えた。

……まるで映画かドラマにでも出てきそうな謎に満ちた人たちが、当時の唐津土木事務所にはたくさんいた。

あるとき、係長にたずねられたことがある。

「円城寺、お前さ、隣の席の彼が何の仕事をしとるか知っとるか?」

一日中パソコンに向かって謎の作業をしている彼が何の仕事をしているかわかったら教えてほしい、と係長が私に言うのだ。最初は自分の仕事だけじゃなく周りの職員がどんな仕事をしているか広い視野を持てという趣旨の質問かと思ったが、どうもそうではないらしい。上司が知らないものを新入職員が知るわけもない。ここの事務所はどんな指揮命令系統でどのように業務が動いているのかという、大きな疑問と不安を感じた職場だった。

少し面白おかしく紹介してしまったが、当時の先輩職員の方々の名誉のために付け加えると、決して業務の手抜きや職務放棄をしていたわけではない。さすがに、誰も何もやっていないのでは行政機関として問題になるだろう。ただ入庁1年目で、県庁職員は淡々と事務仕事をしているくらいのイメージしか持っていなかった私にとって、インパクトは大きかった。裏を返せば、まだそういった人たちが仲間としてやっていける古き良き時代の日本社会の空気があったということだろう。

よほど致命的なミスや処分に相当するようなことをしていたら話は別だが、そうではないのなら、職場全体としてやることをやれていればいいという大らかな職場だった。

そういった意味で、地域の住民との距離が近かったのも唐津土木事務所の特徴だったかもしれない。事務的ではなく人間味のある対応をするのである。

住民から呼ばれると、すぐにフットワークよく駆けつける。事務所に住民を呼びつけて話を聞くなんてやり方はあり得ない。事務職員も技術職員もまずは自分たちが現場へ赴いて話を聞くのが通例だった。道路工事で騒音があるといえば住民の言い分を聞き、目的を伝えて納得してもらえるところは納得してもらい、現場で何か対策できるものはする。

用地買収のため、それまで境界をはっきりさせていなかった土地で土地所有者同士がもめることもある。そんなときには、第三者の立場で仲裁に入ったりもした。

本庁では、おそらくそこまで現場に出て自由に動き回ることはなかっただろうと考えると、私の仕事のやり方、現場主義は唐津土木事務所で叩き込まれたものであることはまちがいない。もし最初の配属先をもう一度自由に選べるとしても、私はまた唐津土木事務所を選ぶ、と断言できる。そんなすばらしい職場だった。

理不尽で温かい新人教育

事務的ではなく人間味にあふれていたという点では、現場での教育もそうだった。用地課に配属されたばかりの私に、直属の上司が言ったのである。

「お前、用地の職員のくせに、何で土地の評価もできんとや」

ちょっと待ってほしい。まだ唐津土木事務所に配属になって半月も経っていない。その上司は用地買収一筋にやってきた方で、用地買収のプロである。それに対して、私は「用地」を「幼稚」と思い違いするぐらい何も知らない素人同然。土地の評価がなぜできないのだと問い詰められても、新人なので、としか言えなかった。

県の新入職員は、最初に職員研修所で全体の新人研修を受け、新たな業務を担当することになったときには、それぞれの業務での初任者研修を受ける。まだ、その研修も受ける前から怒られたわけである。理不尽なことだが、裏を返せば机の上での勉強よりも現場で学べという愛の鞭だったのかもしれない。

上司にすれば、用地買収業務を担当することになった時点から1秒でも早く戦力になってもらわなければ困るし、それぐらい、一つでも多くの案件を現場で経験することでしか身に付かない業務でもあるということだった。

道路拡張や河川改修などの公共工事にあたり、新たに土地取得が必要となればほとんどの場合、県民が持っている土地を買収する必要が出てくる。そのときに、当然、損失補償を行うことになるが、そのための補償額を算出するのが「土地評価」である。つまり、買収対象の土地をどれぐらいの価格で補償することが妥当かという評価を行うのが用地課の重要な仕事のひとつなのだ。

しかし土地評価は、不動産鑑定士などの専門家の業務分野でもあるぐらい難しい仕事で、いきなり素人の新人ができるものではない。それを上司は、周囲の先輩を指差しながら「あいつらもやっているやろうが」と、私に対しても同じようにすることを求めてきたのだ。

新人だからできませんという言い訳ができる雰囲気でもなく、仕方なく、見よう見真似で取組み始めた。公共事業にあたって用地買収を行う場合の土地評価は自由にやっていいものではなく、国が定めた「公共用地の取得に伴う損失補償基準」に則り、「正常な取引価格をもって補償する」と規定されている。

この「正常な取引価格」をどのように算出するかが重要になってくる。基本的には、買収対象の土地と似たような条件の近隣の土地を標準地として選定し、その標準地の実際の取引事例を調査収集して標準地評価額を算定し、そこから比準して評価対象地の価格を求めることになる。

今でこそ、このようなやり方を知っているが、新入職員の私には知る由もない。そこで仕方なく、先輩方はどのようにやっているのか、自分が担当するものと似たような事例はどうなっていたかということをひたすら自分で調べて回った。

とはいえ先輩方も忙しいため何度も質問するわけにはいかず、昔の職人のように〝盗んで〟覚えるしかなかった。先輩がつくった書類や、事務所で回っている起案文書を、先輩方が帰ったあと夜一人で事務所に残って見て覚えていった。

しかし書かれてある行政用語がまったく理解できない。たとえば「負担行為」という用語。いったい誰が何をするのが負担行為なのかといえば、行政側が何らかの債務を負う行為のことらしい。つまり、世間一般では「契約行為」に当たるものが行政では負担行為と呼ばれるのだ。それなら普通に契約でいいのではないかと心のなかでツッコミを入れながら読み進める。

そして予算を、その負担行為に対して支出することを「支出負担行為」というのである。無事に買収の話がまとまり、支出負担行為を行って上司の印鑑をもらって、ようやく「決裁」となる。このように、一つひとつの用語が、一般的に使われるものとは少しずつ微妙に異なる使われ方や意味を持っているというのも公務員の世界の特徴だろう。

デビュー戦で味わった大敗

まったくわけもわからないまま用地買収の最前線に放り出されることになったのだが、その〝デビュー戦〟での敗北は未だに忘れられない。

職員研修所では社会人として県職員としての基本的な姿勢やあり方、それこそ身なりから挨拶の仕方、名刺の出し方までトレーニングを受けてきた。その礼儀作法をきちんとわきまえ、スーツを着て地権者である土地所有者に挨拶に伺った。

相手はベテラン農家の方で、日焼けした顔には、その土地に根を張って生きてきた威厳のようなものが見えた。

私は少し気後れしながら「4月から配属になりました円城寺と申します。どうぞよろしくお願いいたします」と丁寧に挨拶をして名刺を差し出した。その瞬間、その農家の方は私をじろっと睨んでこう言った。

「よかにゃあ、お前どんは。そがんキレイか格好してて。おいたちはスーツなんか着たこともなかばい。名刺ってなんてん持ったこともなか。お前、そがんキレイか恰好ばしておいの土地ばちゃんと自分で見てきたとか？　いや絶対見とらんばい。そがんかもんに先祖から大事にしてきた土地ば売れるわけなかろうが。帰れ！」

そう言ったが早いか玄関の戸をぴしゃりと閉められてしまった。早口の佐賀弁で完全には理解できなかったが、怒らせてしまったことだけは理解できた。初対面でいきなり怒られ拒絶されるとは思ってもいない。完全な敗北だった。

このとき学んだことがある。実際の仕事をする上では、マニュアルのようなものがあったとしてもそのまま型どおりにやっては駄目なのだ。

現場の感覚というものは、現場でしかつかめない。こちらが良かれと思っても、それをどう受け取るかは現場の相手次第。それは自分が悪いわけでも相手が悪いわけでもなく、そういうものだとして現実を直視しなければならないのだ。そして先祖から大事にしている土地を売ってもらうのに、その現物すら見ていない人間のことを信用できるだろうか。考えれば考えるほど農家さんが怒るのも無理はない、と思えた。その日の夜は悔しくて眠れなかったが、そのベテラン農家の方に仕事をする上で一番大切なことを教えてもらった。

その翌日から私は、事務所でも現場でも常に作業服を着ることにした。決まりがあったわけではない。自分でそのほうがいいと判断しただけのことだった。些細なことだが、それも現場感覚として大事なことだった。

実は、地権者にぴしゃりとされた件までは、むしろ先輩職員が汚れた作業着でどこにでも行くのを内心「だらしない」と思っていた。私たちは行政職員だからピシッとスーツを着るべきだと決めつけていた。ところが、それはこの職場では間違っていたのかもしれない。農家が多い地権者のところに伺って腹を割って話すのに、こちらがスーツでは壁ができるし、何よりも泥だらけになって実際の現場を見るにはスーツと革靴は適していない。

結局それから3年間の土木事務所勤務の間、スーツに袖を通すことは一度もなかった。

現場を見てから動け

どんな失敗も、そこから何も学ばなければただの失敗だが、学べることがあればそれは失敗ではなく経験である。

初めての用地買収で地権者の不興を買ったことも、私にとっては大きな経験になった。それは、後に救急医療の変革を行う際にも、絶対に忘れてはならない〝原点〟として生かされることになったからだ。

その原点とは、「現場」を必ず自分の目で見てから物事を進めるということだ。

事務的、実務的なことだけで言えば、私が買収対象の土地を直に見に行っていなくとも問題はない。なぜなら、測量会社の手によって正確な測量図面が出来上がっており、書類上で十分に仕事は進められるからだ。現地に行けばむしろ時間を取られてしまう。

しかし、地権者にしてみれば大事に守ってきた自分の土地である。その土地を現地で一度も見たことがないという相手を信頼して交渉ができるかと言われれば、それは心情的に難しいだろう。それに書類上だけの確認で自分の仕事に自信が持てるだろうか。

規定的なことだけで言うならば、国が定めた「公共用地の取得に伴う損失補償基準」では、土地評価について「土地所有者がその土地に対してもつ主観的な感情価値は、考慮すべきではない」と示されている。

だが、それは机上の話であり、現場でそうした規定だけを楯にして事務的に仕事を進めたとしても、物事がうまく進むことはないのである。

地権者に怒られて目が覚めた私は、翌日、早速作業着で現地の土地を確認しに行った。地積測量図という図面をもとに、実際に杭が打たれた場所を回って見て歩く。そうすることで、実感として、その土地の持つ重みのようなものが感じられるのだ。

それ以来、私は自分が担当することになった場所は、たとえどんな山の中であろうと自分の足で見て回ることにした。もともと道なき道をつくる現場なのだ。現地は整備されているわけもない。木々が生い茂る山中やがけ崩れが起きそうな場所が現場なのだ。たとえば、砂防ダムという山の土砂崩れを止めるための土木構造物をつくるような場所にはまともな道すらないことも多い。木の幹やロープをつたってやっとの思いで山肌を登り、藪を手で払いのけ、マムシの出現に驚いて飛び上がりながら現地に向かっていく。

しかし、そうやって自分の足で歩くと、思いもかけないことが起こるものである。あるときは、図面には載っていない、小川とも呼べない小さな水の流れを見つけたこともあった。冬場に測量を行った場合、水が涸れていてわからなかったものが夏場に水量が増えて流れができることもある。

そうした現場の情報を知っていて、地権者と話をすると「この水の道が切れると影響が出るようですから、こちらに少しあぜ道をずらしましょう」というような提案ができ、それが地元の人たちの役に立つことがあった。

また、地権者との交渉には地域の役場の担当者も一緒に行くことが多いが、私が地道に現地を回っているのを知ると、うまく地権者との間を取り持ってくれるようにもなる。

私がデビュー戦で大失敗をした地権者も、同じ地区の別の地権者との交渉の帰りに、役場の人にも一緒に顔を出してもらうことで、少しずつ世間話程度はできるようになり、最終的には買収に同意していただくことができた。

今でこそ「現場主義」などと偉そうに言っているが、それも私が一番最初に現場を見ることもせずに失敗したこととの経験から学んだことだ。

唐津土木事務所時代は失敗も多く自信を無くすこともあったが、仕事そのものは面白かった。仕事の成果が目に見えて残るからである。用地買収を手掛けて、新しく道路をつくることができれば、その仕事は形になるし地図にも残る。

たとえ、それが佐賀県の山の中の地元の人しか通らないようなものだったとしても、後から振り返ったときに、嬉しさがこみ上げてくる。自分たちが一生懸命現地に出向いて地権者とも話をし、ときには現地調査で崖から転がり落ちそうになりながら形にした仕事が目に見えて残るのは単純に嬉しい。

そこには、誰が評価してくれなくとも、やりがいが厳然としてあった。しかも、若手ほど用地買収の最前線に出ていって、難しい交渉事の当事者となる。当然、その分だけ覚えること、身に付くことも多く成長できるため、ときには他の部署からやってきたベテラン職員よりも仕事の上では自分たち若手のほうが「仕事ができる」という逆転現象も起きる。


公務員の世界は年功序列のイメージがあるが、ときにはこういった能力主義的な逆転現象が現れることがある。年数を経たベテラン職員であっても、たとえば他の部署から異動してきた人には、慣れるまではあまり負荷のかからない業務を担当させる。若手であってもその職場での経験が長い人間を難しい業務につけることもある。

私も唐津土木事務所勤務の3年目には自分の所属する係の中で実質的リーダーのような役割を担うようになっていた。他の部署から新しく移ってきた大先輩が作った用地買収の起案文書を、私が決裁に通るか否か事前チェックして修正点を付箋で付けて返すということまでやっていた。先輩の起案文書に対してもあまりにたくさんの付箋を付けるので、七夕の短冊よりひどいと苦笑されたこともある。

行政官として大切なこと

唐津土木事務所で入庁3年目を迎えた頃の私は、もう一端の行政官のつもりになっていた。仕事の実力も実績も、先輩方に負けていない。なにしろ、自分の仕事だけでなく他人の書類をチェックする側にさえなっていた。

通常、県職員は3年で人事異動となる。当時は、出先機関に配属された新入職員は2年で異動になるのだが、所長から「もう1年、ここに残ってくれないか」と言われたこともあり、自分は求められている人材だと天狗になっていた。

ちょうど、河川改修の仕事を担当していたのだが、河川の拡張部分で高速道路と関わる部分があり、その土地の買収で調整が必要となっていた。高速道路に関わる部分は国が所管するのだが、それ以外は県の仕事になる。ところが、同じ土地でも高速道路では高速道路料金からの費用回収が見込めることと高速道路入口が近くにない区間は地元の直接の利益にならないことから評価額が高く、それ以外は評価額が低くなる。同じ土地なのに国と県で評価額が異なるため地権者との交渉が難航しており「円城寺君、頼む」とお願いされたのであった。

私も、特に本庁に行きたかったわけでもなく、人間やはり頼りにされるのは気持ちがいいので唐津土木事務所へ残ることにした。

そんな、3年目のある日のこと。隣の係にベテラン職員で用地のエキスパートである出博紀《いでひろき》さんという人が異動してきた。

「円城寺君、この書類さ、何法に基づいて処理しよっか?」

「何法?　いや、何法も何も用地買収は現場でずっとこれでやってるわけですから、ここでは法律は関係ないですよ。前と同じようにやって単価も出して、実勢地価図にも残ってますから。何か問題がありますか」

私がそう反論すると出さんは烈火のごとく怒った。

「お前、行政官やろうが。行政官っていうのはな、法律と規則に基づいて仕事をしとるって、それを知らんとか！」

――法律。私の耳に、しばらく忘れていた言葉が突き刺さった。そして、はたと思った。自分は、これまで周りの先輩方の仕事を見よう見真似で、盗み見るように学んできた。そのために慣例や慣習での仕事のやり方は、3年目であっても用地専門職員なみに身に付けている自信があった。実際、そのおかげで難しい案件もまとめることができていた。

だが、出さんが言うように、実務はできていても、その土地評価がどのような根拠で認められているのかは上辺でしか知らない。百歩譲って、単なる仕事であれば、それでもいいのかもしれない。実務が滞りなく進めば問題はない。

しかし、自分たちは公務員であり行政官である。そもそも、どのような法律に基づいて公共用地の取得が行われ、その損失補償のための土地評価はどんな規則に則って行われなければならないのか。所有権移転登記が行われるということは、法的にどのような手続きに基づくことなのか。行政官であるならば、それらを理解して業務を行うのが当然ではないのかと一喝されたわけである。

まさに天狗の鼻をへし折られた格好だった。

そこからは必死で勉強するしかない。公共事業に必要な土地の収用・利用を定めた基本法である土地収用法や、さらに民法・行政法などを再び学び直すことになった。

根拠があればルールも作れる

巷に「お役所仕事」という言葉があるが、そういった言葉が生まれる背景には仕事をする上で「なぜ」を考えないことがあるのではないかと思う。特に地方公務員は、国から下りてきた仕事を、ただ実行するだけになりがちである。

なぜそれをするのか。本当にそのやり方でいいのか。「なぜ」がすっぽり抜け落ちていることで「お役所仕事」と批判されるわけである。自分も、知らず知らずそうなっていた。表面上は一生懸命、現場で仕事をしているように見えても、掘り下げれば「なぜ」公共用地の取得ができるのかという本質につながる法律も知らずに「お役所仕事」をしてきたことになる。

先輩職員に目を覚まさせてもらったおかげで、それ以来どんな仕事をするときにも、物事がどんな根拠で成り立っているのかをきちんと考えるようになった。

このことが、後に救急医療の変革を起こしていく場面にもつながっていく。なぜ、そうなっているのか。根拠は何なのかを明らかにしなければ、変革を起こし人を納得させることはできないからだ。

現場主義は基本であるが、その上で私たち公務員は、さらに法律や規則を理解して「なぜ」そうなっているのかを突き詰めなければならない。

「この場合はこうする」ということが決まっていても、その根拠もわかった上で行うのとそうでないのとでは仕事の意味も内容も異なってくる。ときには、既存のルールであっても「なぜ」を突き詰めていくことで、それまで足りなかった新たなルールを作ったり、現状に合わないルールを変革することもできる。

用地買収では、こんなことがあった。

該当する地区は唐津でも果樹栽培の盛んなところで、買収予定地にはハウスみかん畑があり、畑を失うことによる損失補償額を算出しなければならない。ところが、露地みかんの損失補償基準は定められていても、ハウスみかんの基準は存在しないのである。

つまり、現実世界とは異なり公務員の買収ルール上は、みかんは単価が高く手間をかけているハウスみかんも、比較的手間が少なく単価もそこまで高くない露地みかんも単なるみかんとして扱われる。これでは値段がまったく合わず、ハウス栽培でコストをかけている農家にとってはたまったものではない。それまでは苦肉の策として、たとえば露地みかんの本数を調整して計算をし、納得してもらうこともしなければならなかった。

しかし、それではあまりにも不自然である。なぜ、栽培方法によるコストの違いは大きいのにみかんは一律の単価で計算されるのか。そこで、露地みかんの単価の算出根拠を分析し、ハウスみかんの場合は露地みかんに対してこれだけの付加コストがかかっているという根拠を明らかにして、新しくハウスみかんの損失補償基準をつくった。これは前代未聞のことで、単価どおりに買収するのではなく単価自体を新たにつくった、つまりルールを変えたことになる。

農協や県の農林事務所などと折衝を行い、この地域ではブランドみかんの価値を守るために、どのような栽培方法で、どんな時期にどんな肥料が必要となるという細かなデータをもとに、果樹一本当たりの価値を算出した。それを各土木事務所を束ねている本庁の土地対策課に合議を諮《はか》って計算方法を認めてもらうことによって、それまで存在しなかったハウスみかんの新たな損失補償基準というルールを策定することができたのである。

土木から金融の世界へ

2004年4月。入庁4年目で初めての異動となったのは本庁の生産者支援課だった。県の農林水産商工本部（当時）に属する部署だが、それまで農業、漁業、林業などそれぞれ個別に生産者のバックアップをしていたものをまとめるために、新たに生まれた課である。

当時の規模は25人ほどで、私が配属されたのは農林水産業に携わる人たちの共済や金融などの指導検査を行う部署だった。

ドラマ『半沢直樹』で、片岡愛之助さん演じる金融庁の検査官・黒崎駿一が銀行に出向いてさまざまな書類を検査し、「恨まないでね〜、これが私たちの仕事なの」と、内部の不適切な処理を暴いていくシーンがあったが、まさにそれの農協版、漁協版をするわけである。

一般の都市銀行や地方銀行などは金融庁が監督官庁になるが、農協や漁協は県が指導監督することになる。県庁の仕事は本当に幅が広い。

もちろん、黒崎検査官のようにオネエ言葉は使わなくてもいいのだが、指導監督の仕事もなかなかに厳しいものだった。土木事務所での用地買収の仕事は、そのプロセスを体で覚えれば何とかなったのだが、指導監督の仕事、特に金融検査は、まず使われている用語からして独特である。

たとえば「破綻懸念先」という用語。金融機関の貸出先である債務者を貸し倒れのリスクの高い順に「破綻先」「実質破綻先」「破綻懸念先」「要注意先（要管理先）」「正常先」と区分して管理し、お金が返ってこない時のために貸倒引当金というお金を別に計上しなければならないのだ。この時点で銀行からお金を借りたこともない私にとっては意味不明だ。

朝から晩までこういった聞きなれない言葉がひたすら飛び交う。日本語で話をしているはずなのにまるで意味がわからない。検査のためのミーティングでも、最初の10分くらいはわからないながらに一生懸命メモを取るものの、脳の処理能力が限界を超えてしまったのか前日に十分睡眠をとっていても、なぜか強烈な眠気が襲ってくる。さすがにミーティング中に寝るのはまずい。持っていた鉛筆を太ももにチクチク刺して必死に目を覚ます。自分でも、これは何かの病気になったのではないかと本気で心配になったほどだった。

生産者支援課の中でも私が所属した団体検査指導班はそうした金融や経営に関する知識が必要であるために、中小企業診断士の資格を持った職員などが配属されることが多かった。そんな中に、金融の実務も知らなければ貸借対照表すら読んだことのない人間が放り込まれたのである。地方公務員の恐ろしいところはこれだ。人によるかもしれないが、行政職員は基本的に3年ごとにまるっきり違う職場に異動となる。根拠となる法律も規則もまったく異なる。国家公務員でいうと、昨日まで国土交通省で道路行政をやっていた人間が明日からはいきなり金融庁へ異動して銀行に検査に行けと言われるようなものだ。3年ごとにまるっきり変わる仕事内容を覚えなければならない。私などは3年ごとに本当に泣きそうになるくらい仕事内容が変わったので、異動のたびに最初の半年くらいは落ち込んで何もできない自分とひたすら向き合うことになった。

土木事務所時代の先輩職員には、物事がどんな根拠で成り立っているのか、法律や仕組みを覚えて理解してから行動しろと教わったが、ここではそれを最初に深く掘り下げてしまうと、自分が穴から出られず身動きできなくなる。そのために、まずはわからないながらに実際の業務を行いながら覚えることにした。状況に合わせて柔軟に対応できなければ変化が激しい状況を生き残れない。

まず、行わなければならないのは検査である。法令を遵守し、事業目的に合致した運営が行われているか、事務、会計が合理的かつ適切になされているかなどの実態を把握し、不適切なものがあれば指摘して是正指導を行う。

過去には、他県の事例だが長年不適切な会計処理を内部で隠ぺいしていたため多額の欠損に陥り、経営破綻に追い込まれたケースもある。そんな事態になれば地域経済に深刻な影響を与えることになる。それを未然に防ぐためにも監督官庁である県の検査が意味を持つわけだ。

検査指導チームは8人ほどいたが、検査当日はそれぞれが農協の支店に散り、営業前から待機する。早朝の支店駐車場はガランとして、鳥たちの朝の挨拶だけが響き渡る。

その頃、本店には検査チーフらが無通告で入り、組合長や役員に告げるのである。

「みなさん動かないでください。ただいまから農協法第94条に基づく常例検査を行います。はい、お金に触らないでください。書類にも触らないでください。よろしいですか」

そして、各支店前で待機している職員に一斉に電話が入り、いわゆる抜き打ち検査が始まる。朝8時。始業はしているが営業はしていない時間帯である。

もちろん、ドラマのように高圧的な態度でやることはなく、ていねいに、粛々と行うのだが、行っていることはまさに『半沢直樹』の世界だった。もっとも私の役は半沢直樹ではなく残念ながら敵役《かたき》のほうになるのだが。

踏み込む勇気

生産者支援課では若手職員は検査と指導の両方を受け持つことになっていた。たとえば、農協から定款変更の申請や総会の報告が上がってきた場合、その内容に整合性があるか、法的に問題がないかなどをチェックし、問題がありそうなところは指導を行う。

そうした業務と同時に、検査期間に入ると、1か月ほど昼間はずっと検査先の本店や各支店などに入り、貯金や財務、共済、購買などの部門ごとに検査を行い、夜になって本庁に戻ってそこから報告書作成に追われるという過酷な日々を過ごすことなる。

私が担当していたときには、そこにさらにプラスして農協の合併を行うための許認可を行わなければならなかった。他県との競争力を高めるための県単一農協構想に向けて2007年4月に8つの農協が合併をしたのである。

これだけの数の同時合併はほとんど前例がない。そのときも、土木事務所時代に学んだやり方が役立った。たくさんの物事の中から上位概念や共通概念を導き出し、他県で農協丸ごとではなく経済部門だけを統合した事例を見つけ、そのときの許認可事務を参考にして農林水産省にも確認を取りながら合併許認可を進めたのである。

こういった仕事を、基本的には一人で担当するため、大変ではあるが勉強になることも多かった。

どんな仕事もそうだが、他人任せではなく自分で責任を持って遂行していくと知識と経験が増えてくる。そうなると、一歩踏み込んだ仕事ができるようになる。

ある組合の検査を担当したときのことである。

担当が新しく私に代わったといっても、組合側はそれほど危機感も持っていない。むしろ若手が回ってきたので「何もわかってないだろう」という〝見下し感〟さえあった。

私は相手にどのように見られようと、そこにプライドはない。「全然わからないので教えてもらえますか？」とニコニコしながら話を聞いていた。もちろん、仮に簿外処理などを行っていても見抜けるようにはなっていたが、そこをあえて、知らないふりをして話を聞いたのだ。

すると、逆に警戒心を持たれることなく、組合の中でどんなお金の流れになっているかということをずっと話してもらえた。その間、私は「そうなんですか」「勉強になります」と相槌を打つ。こちらから突っ込んだ質問をしたり、この場合はこうなるのではないかという説明をあえてしないのである。それをすると、相手は警戒して喋ることをやめてしまうからだ。

そして、相手がひととおり話し終わったタイミングで切り出すのである。「なるほど、わかりました。でも、これはこの資料にも載っていないので不適切な会計処理になりますよね」と。

この部分だけを切り取ると、なんとも嫌らしい手法のように思われるかもしれないが、決してあら探しをして相手を追い詰めたいのではない。内情を聞いていると、そういった会計処理をしたくなることはよく理解できた。

ただ、いくら「良かれ」と思って行ったことでも、何かトラブルが生じた場合、その処理を行った担当者の責任になってしまう。そうなると、さまざまな処分を受けなければならない。それは非常に不幸なことである。だからこそ、そういうことにならないために、あえて一歩踏み込んで、厳密に正しくやっておくべきという部分を指摘するのである。

トイレと食堂を見る

私がどうしても許せなかったのは、自分の責任を部下に押し付けて逃れようとする支店長などの幹部がいたときである。

そういったことが行われている金融機関は、組織全体のマネジメントに問題があることが多い。では、いったい、僅かな検査期間中にどのようにしてマネジメントの問題を見抜くのか。

しばらく検査をやっているとあることに気が付いた。建物の中でチェックすれば、その職場のマネジメントの質や職場の雰囲気がおおよそわかる場所がある。その一つがトイレである。私は緊張するとすぐトイレに行きたくなることもあって、まず検査に入ると職員用トイレを借りることにしていた。来客用ではなくあえて職員が日頃使っている職員用トイレだ。もちろん職員用トイレが検査項目に入っているわけではないが、トイレ内が乱雑で汚れているところ、掃除がおざなりになっているところはマネジメントや内部統制に問題があり、検査でも指摘事項が多いことに気が付いた。

検査の合間に昼食をとるときも、応接室などではなく、あえて職員用の食堂や休憩室の隅っこを使わせてもらう。そうすることで、現場の職員がどのように扱われているかが見えてくる。やはり、マネジメントに問題がある場合、職員の食事や休憩をする環境が劣悪な傾向がある。

それにも関わらず、上層部の幹部が、自分たちだけはいい思いをしようとしていたとしたら、それはやはり感情的にも許せない。上に立つ人間ほど襟を正すべきだ。上司が部下を大事にせず責任だけを押し付けるようでは組織は機能しない。特に高圧的に出てこられた場合などは、なおさら一歩も引かずにきちんと指摘する。そのために、窓口職員には好かれていたが、支店長クラスには私の名前は「はずれ」として嫌われていた。

問題の根っこを引き抜く

くり返しになるが、検査は現場のあら探しをすることが目的ではない。ここに印鑑が抜けている、この書類には不備があるというようなことを延々とやって報告しても大した意味はない。揚げ足取りには意味がないのだ。

現場で何か問題が起こっているとすれば、その根本部分、つまり根っこから引き抜くことが必要になる。自浄作用で自ら問題の根っこを引き抜くことができればよいが、現実には難しい。そこで私たちのような外部の検査担当者が指摘することで問題の根っこを引き抜きやすくするのである。

ある組合の保険金支払い事例では、支店長と本部の担当者を処分していたことがあった。着服などの不祥事ではなく、支払いの規則と手順を一部守っていなかっただけだ。だからそれだけを見れば、内部できちんと問題の処理ができている。隠しているわけではないし問題があるようには思えない。

ところが、内部の職員が言いづらそうに教えてくれたのだが、もともとこの保険金支払いを指示したのは常務だったというのである。支店長や本部の担当者は「できません」と反対したが、それを押し切ってやらせていたことがわかった。そしてその処理が明るみになるとその常務は自分は無関係だと言い張り、支店長と本部の担当者の処分で事を収めていたのである。内部監査室でも事実を把握していたが彼らもさすがに役員の行為を指摘するわけにもいかず悔しい思いをしていた。内部告発というほどおおげさなものではなかったが、人の口に戸は立てられないし、何より職員はみんな不満に思っていた。これを放置しておいてはいけない。

職員に迷惑がかからないように、通常の検査で行うとおり関係書類を出してもらい、応対記録なども調べていった。もし、関係書類を隠ぺいしたり捨てたりしていたとしたら、それは検査忌避に当たり、法に違反するため場合によっては刑事告訴などの対象にもなる。さすがに改ざんはなく、応対記録には保険金支払い指示をした現場に常務が同席していたことが確認できた。この処理をした現場に処分を受けた支店長と担当者よりも上位の役職者が同席していたのだ。関係ないではすまされない。予想されたことだが、常務は現場にいたことは認めるものの、指示はしていないという。支店長が発議したことだというのである。

ここで感情的になってはならない。このときも過去の仕事の経験が役に立った。あくまで物事の根本から問い直し、なぜそれが良くないことなのかを理詰めしていった。

会議室では、私と常務がテーブルを挟んで向き合い、重い沈黙が漂う。

「いいですか、これはこの規則のことここに違反していませんか？」

「いや、そんなに重たい違反ではなかろうが」

「じゃあ、なぜ支店長と担当者は減給処分なんでしょうか？　常務は支店長が決めたと言う。けれど、その場に常務がおられたのなら、最終的に違反行為を見過ごしているわけですよね。執行役員としての責任はないのでしょうか」

「……」

「今さら、起きたことをなかったことにはできません。だとしたら、少なくとも減給処分は常務が負うべきものではないですか？」

常務も本当はバツが悪かったとみえて、最後は自分の非を認めてくれた。そこはさすがに組合で幹部を務める優秀な人材だと尊敬した。もし私が逆の立場だったら自分のプライドや名誉、組織の体面を守るために非を認めることはできなかったかもしれない。

改めて検査指摘事項として報告を行い、役員には減給処分という懲戒規定がなかったため、役員報酬の自主返納というかたちを取ってもらい、常務には自らの指示であることを組合の総会で報告するということになった。間違いだったと素直に報告したところ総会でも大きな問題にならなかった。後日、内部監査室の人からは「ありがとうございました」と頭を下げられた。

真面目に仕事をしている人間が、不真面目な仕事をした人間の尻拭いをさせられていては、どんな組織もまともな運営などできない。それがまかり通ってしまったら、誰も真面目にやろうという気がなくなる。そうなれば仕事のモチベーションは下がり、業務の効率も落ち、あらゆる面で損失は大きくなる。ズルをする人間が許されるなら次は本当に着服や横領などの不幸な不祥事が出るかもしれない。それでは組織は成り立たない。だからこそ嫌われ者になっても、問題の根っこを引き抜くことを自分に課していたのである。

検査指導で培ったこれらの経験は、私がこの後に職員研修所に異動となり、県庁職員の意識改革に携わることになったときにも大きな財産になった。仕事の成果は、その組織のマネジメントや職員間にある空気が大きく影響することを、現場で身をもって学んだからだ。

第2章

はみだし公務員への道

カブトムシを獲る仕事

2007年4月。入庁7年目、3か所目となる職場は職員研修所だった。佐賀県庁の場合は自治修習所という名称で、愛称「レナセル」という職場だった。

「レナセル」とは、スペイン語で「元気を取り戻す・元気になる」という意味であり、雄藩と呼ばれ、幕末から維新にかけて多くの人材を輩出した佐賀藩のように元気な職員を送り出せる場所でありたいという願いが込められたものだった。

しかし、私が異動になった当時は、そんな願いとは裏腹に多くの県職員の研修所に対する想いはポジティブなものとは言えなかった。まずもって、私が受けた新規採用職員研修の時もそうだったが、研修といえばお世辞にも面白いとは言えない。朝から晩までよくわからない話を一方的に延々と聞かされるもので、積極的に受けたくなるようなものではない。ましては業務が忙しい職場にとってそんなものに割く時間などない。

さらに職員研修所という存在そのものがあまり重要視されていなかった。どの自治体でも研修所の所長といえば、表現は良くないが、定年を目前にしたいわゆる「あがり」

のポストとされていた。

しかも場所が佐賀市内から車で30分ほど走った山の中。自然に囲まれて環境はすばらしいのだが、そこへ異動の内示が出るということは「あいつ何かやらかしたな」と周りから思われても仕方がなかった。それまで若手職員が異動するような部署ではなかったのである。

実際、私も生産者支援課では検査指摘を行いながら、さらに前例のない農協合併の案件を担当するなど、仕事の評価は決して低いものではなかったはずだ。それにも関わらず山の中の職員研修所へ異動になったことで「飛ばされたな」「何か大きな失敗をしたらしい」と噂された。

同僚や先輩からは「そんな山の中じゃ、カブトムシを獲るくらいしか仕事がない」「毎日、17時に帰れてよかにゃ」と言われ続け、先入観を持つのはよくないと自分に言い聞かせていたものの異動までの時間は心躍るものではなかった。

職員研修所といえば、型どおりの研修を受けさせられる場所。そうしたイメージを変革し、真に人材育成の原動力となれるような職員研修に見直すことはできないか。

ちょうど、私が異動になったときは県庁内でも人材育成、人事評価などの見直しを行おうという動きが出てきていたのだが、周囲も私もそんなことはまったく知らなかった。

佐賀県庁もご多分に漏れず、制度改革に伴う人員削減で職員一人ひとりの多忙感は強まり、目先の業務をこなすことが精一杯で、心を病む人も増えてきていた。そうした状況に違和感を覚えながらも、私も含め、多くの職員は「県庁組織が抱える問題は自分にはどうしようもない」と考えていた。それよりも、自分の仕事が多忙であり、深夜まで残業をして議会や予算の仕事をしていることを仲間内で自慢げに話すような雰囲気があった。

まずは隗より始めよ

職員研修所で働き出すと、たしかに本庁で噂されたとおりの別世界だった。議会のために答弁を深夜まで書くこともなければ、予算対策で走り回ることもない。とても静かな職場であった。そして、それまで人材育成や職場の風土を変革しなければと言われながら、本格的な行動に移せていなかったものに着手することになった。職員間の雰囲気を変えること、新たな仕事のやり方を生み出せる職場風土をつくり出すこと。そのために、どうすればいいかということを考え始めた。

たとえば、民間企業も同じかもしれないが、役所の会議は資料を読み上げる時間が長く、活発に意見交換や議論を行うような雰囲気はあまりない。事前に決まったことをみんなで確認するという昔ながらの儀式のような場。それが役所の会議なのだ。まずはそのようなお役所仕事の代名詞の会議を変えようということになった。会議には必ずファシリテーター（司会役、促進役）を置くようにして会議を変えていこうという試みを行った。とはいえ職員研修所でそうした動きができる職員はわずか3人しかいない。レナセル全体では10人ほど職員がいたが、研修や人材マネジメントに関われる人員は下っ端の私を含め、教務主任、教務課長しかいない。そこに所長と副所長がいたが、実務を担当するのは3人だけという小所帯から県庁全体の教育研修の空気を変える試みが始まった。

当時の所長は常ににこやかで「まぁ、よろしく頼むね」と言うだけで、特に厳しいことも言わない人だった。見た目もどこかのゆるキャラのようであり、ズボンが少しずり落ちていて、正直、優秀そうにはまったく見えなかった。職員研修所の所長は「あがり」の人が行く場所という噂は本当だったのかと思ったほどだ。だが実は、その所長は極めて優秀な人材で高い調整能力と外国語のスキルを持ち、様々な問題に自ら飛び込んでいくような行動力の持ち主であった。この所長の次の所長も佐賀県庁を代表するようなすばらしい人材で、お二人とも現在も本部長級の幹部職員として最前線で活躍している。


私がまず手掛けたのは、担当業務の新人研修を変革することだった。正直なところ、私も新人研修の中身を思い出してみよと言われても、残念ながらほとんど覚えていない。時間が経過して忘れたのではなく、研修の時点から頭に入っていなかったのだ。

なぜなら、まだ実務を行っていないタイミングで、様々な行政用語を一方的な座学で聞かされてもイメージが湧かず、そのまま素通りしてしまい用語も意味も自分の中に定着しない。私自身も最初に土木事務所に配属されたとき、行政用語の意味を理解することにも苦しんだが、実は後から思えば新人研修で習っていたものも多かった。つまり、それほど研修が実を結んでいなかったわけだ。

そこで、新人研修を座学中心から対話型に180度変えた。4月から9月まで、計4回行われる研修で、あえてそれまで最初に行政用語を教えていたものをやめ、現場に配属されてからの2回目の研修で教えることにした。

一番最初に基本的なことを教えてもらわなければ困るという声もあったが、私の経験からあえてそうしなかった。すると、2回目の研修で行政用語を教えられた新人職員から「もっと早く知りたかった」という声がアンケートで出てきた。

一見するとクレームのようだが、そうではない。それだけ自分の業務に切実に関係した研修として、その講義内容が身に入ったという証拠である。

さらに、自分が先輩職員から行政官として大切なことを多く学ばせてもらったため、研修の中で先輩職員との交流会を設けることにした。職場を離れたオフサイトな場所だからこそ話せるリアルな経験談は、新人にとっていちばん興味深いものだ。

こうして研修の場の空気が少しずつ変わっていった。県庁という重たい組織の中で、仕事の中身を変えていくのは本来かなり大変なことだが、ここでは職員研修所＝レナセルという部署が、本庁でそれほど重要視されていなかったことが逆に幸いした。

あまりうるさく言われることもなく担当者権限で様々なことに取り組めた。同僚に揶揄されたが、カブトムシを獲りに行く暇もないほどだった。さらに、レナセルで研修や人材マネジメントを担当する教務主任、教務課長、副所長がいずれも県庁を代表するような優秀な方だったことも大きかった。

ちょうど、職員研修や人材育成を見直そうという火種があったところに、私も着火剤的な働きができたことで、一気に変革の火が燃え始めた。

新しい人事制度の取組み

県庁の組織風土を変えなければという課題は、当時の古川康知事が重要視していたこともあり、改革の動きはすでに始まっていた。

私は、まさにその改革が始まるタイミングでレナセルに入ったことになる。その一つが、コンピテンシー育成評価制度の推進だった。コンピテンシーとは一般に「優秀な業績をあげる人材が持っている行動様式や特性」と訳される。

民間企業では2000年代に入って人事面でコンピテンシーの活用や評価が活発になっていたが、それを県庁でも取り入れようというものだった。

しかし、私自身もレナセルに異動する前は「これからはコンピテンシーを評価する」と言われても、まったく何を言っているのかわからなかった。むしろ、そういった制度に対して懐疑的で、まったく腹落ちしていなかったのである。

公務員の仕事のパフォーマンスは目に見えたり数字に表れにくいものが大変多い。それをどうやってコンピテンシーとして評価できるのかという根本的な疑問は、私だけでなく多くの職員にも共通したものだった。それを理解、浸透させていく側に立つことになったわけである。

県のコンピテンシー育成評価制度は、パフォーマンスをあげている職員の行動パターンをベンチマーク（比較指標）として抽出し、それに対して自分の到達度を5段階で自己評価することが基本となる。

そのシートを上司の係長、課長がチェックして、適正なフィードバックをする。それまでは11月過ぎに上司が部下に隠すように勤務評価していたものを双方向性を持たせようというものであり、人材育成、人事評価制度として画期的な改革だった。つまりありたい姿と現状のギャップに気づいたり、自分の強みと弱みを把握するためのものだった。

だが、以前の私も同じだったが現場では反発が大きかったのである。そもそも、自己評価とフィードバックのためのシートが分厚く、そのために何時間もかけられるほどみな暇ではなかった。前述したように、ただでさえ県庁組織全体に改革疲れや人員削減での負荷が積み重なっていたのである。これ以上、余計なことはしてくれるなというのが職員の本音だったかもしれない。

そうしたものを、レナセルに入った自分が推進派として行うことになった。否定派から立場が逆転することになったが、考え方を変えれば、否定派の自分が腹落ちするような仕掛けができればいいわけだった。

そうすれば他の職員にも自然に浸透すると考え、まず、レナセルと県の職員課が協働して制度の理念や想いを膝詰めで伝える場を設けていった。そのための研修の中で、職員に評価者になってもらうことも行い、実際の作業をしながらの気づきも共有できるようにした。

一方的に組織の上から通達されるものでは「やらされ感」が否めない。そうではなく、職員自らが自分たちで考えながら作っていくものにすべきだったからだ。

制度そのものは決して悪いものではない。ただ、その見せ方や伝え方が良くなかった。それは仕方ない。何しろ、それまで誰も手掛けたことがなく、どのような結果になるかも見えないことを軌道に乗せるのである。試行錯誤は当然のことだ。

2007年の7月から10月にかけて、計53回。主査以下の全職員約2000名に、自分たちが各現場に回るかたちで、文字どおり汗と泥にまみれてコンピテンシー育成評価制度の膝詰め対話と研修を行った。

手応えはあった。様々な議論が起こり、ときには「現場のことをわかっているのか」という厳しい意見の矢面に立ったが、それでも制度の理解は進んだと手応えを感じていた。

虎の穴——人材マネジメント部会へ

膝詰めの対話と研修によってコンピテンシー育成評価制度の理解は進んだと思っていた。ところが、その半年後に実施した職員アンケートでは、制度理解について前年より飛躍的に良くなるどころか、なんと僅かながら低下していたのである。

自分たちのやっていることは無意味ではないのか——。さすがに、この結果には私も大きなショックを受けた。所詮、県庁の組織風土、職員の意識を変革することなど自分たちでどうにかできるものではないのではという徒労感が漂った。

仕事を通して自分の志を成し遂げ、ひいてはそれが地域や日本のためになる。そうした想いは理想論に過ぎず、現実は黙々と目の前の業務をこなし、気づいた時にはいつの間にか定年を迎える。そんな未来像をぼんやりと考えていたときだった。

「人材マネジメント部会」という研究会に参加することになった。

部会の母体となっているのは2004年に設立された早稲田大学マニフェスト研究所。所長は元三重県知事の北川正恭《まさやす》さん（早稲田大学名誉教授）。マニフェスト、議会改革、選挙事務改革、人材マネジメントなどの調査・研究により、ローカル・マニフェストによって地域から新しい民主主義を創造することを目的としている。

国から下りてきた施策を粛々と実行する。そんな地方自治体職員のあり方を考え直し、先進的な取り組みをしている地方自治体に学び、自ら考える自治体職員をつくり出そうというのが「人材マネジメント部会」の目的の一つであった。

この部会が開設されたのは2005年であり、私は開設3年目に送り込まれることになった。ひと言でいえば、それまでの傍観者、他責思考で自分からは動こうとはしなかった地方自治体職員を根本から変革させる〝虎の穴〟のようなところだった。

今から思えば、この部会に参加したことは、私の公務員としてのあり方、いや私という人間そのもののあり方、考え方、行動を大きく変える出来事であった。


それまでも、自分で言うのはおこがましいが、他の人や先輩方がやってきたことから学んで、法律、規則を理解して実行するという点においては、県職員としてそれなりに高いパフォーマンスを出してきたつもりだった。

要するに、命じられたことに対して適切に業務を執行することに関しては、仕事のできる公務員だったわけである。ところが「人材マネジメント部会」では、それだけでは駄目だという。

そもそも、その命令は本当に住民を幸せにするのかという、より本質的なところから自分たちが考え直すことを迫られた。さすがに、自分たちの仕事の拠《よ》り所である根本の法律に対してまで疑問の目を向けるという発想はなかった。

実は、部会に参加する前から、その前年に部会に参加していたレナセルの所長の論文をまとめる手伝いなどをしていたため、部会に薄っすらと興味は持っていたが、その目的や、しようとしていることの本質まではわからなかった。

いざ自分が部会に参加してみると、そこで突き付けられた言葉は強烈なものだった。

お前たちは給料泥棒だ!

2008年度(第3期)人材マネジメント部会の初日。全国の自治体から集まった、約50人の職員が緊張した面持ちで開始のときを待っていた。

これから何が始まるのか。自分たちはどんな経験をすることになるのか。期待感を持って勢揃いした私たちの前に北川正恭所長が現れた。

そして、開口一番、北川所長は、私たちの期待を叩き壊すような言葉を発したのである。

「お前たちは給料泥棒だ！」

「目の前の仕事ばかり一生懸命になって、できないことは上が悪い、組織が悪いと周りのせいにして自分にできることとしかしていない」

「日本を駄目にした張本人はお前たちだ！」


参加者の顔が引きつるのがわかった。いきなり、何を言い出すのだろう。正直、まったく意味がわからなかった。

仕事もろくにせずに、やる気もなく日々を過ごしているのなら、給料泥棒という言葉を甘んじて受け入れてもいい。だが、全国から部会に集った人たちはそうではないだろう。むしろ、自治体職員として日頃から汗を流し、もっといい仕事をしたいと思っているからこそ参加しているはずだ。

それにも関わらず、なぜそのような言葉をぶつけられなければならないのか。納得がいかない私は北川所長に対して反論した。

「仰っている意味がわかりません、所長の仰っていることは、すごく大きな話です。私は知事でも何でもない、一担当に過ぎない。組織を変革するような、そんな権限を持っていない。それなのに給料泥棒、税金泥棒と呼ばれることには納得できません」

北川所長は表情一つ変えずに私の反論を聞いていた。さらに私は「私たちに発破をかける意味で仰っているのならわかります」と付け加えた。

すると、北川所長はこう言い放った。

「発破などかけてない。なるほど、お前はここにいる中でも最悪だ！」

部会の部屋がシンと静まり返った。

他の参加者は、所長の言葉に違和感を感じたものの、唐突すぎる内容に、むしろ呆気にとられていた。その中で私は、前年に参加したレナセルの所長の手伝いをしていたこともあり、多少は人材マネジメント部会の予備知識もあったがために、余計に反発したくなったのである。

北川所長や出馬《いずま》幹也《みきや》部会長、そして幹事団の方々が言いたかったことは、こういうことだった。

私たちは知らず知らず与えられた仕事、目先の業務をこなすことで、仕事を「やったつもり」になっている。だが、それは、本来あるべき姿やどうすればもっと自分たちが地域に価値を生み出せるのかという前提での仕事ではない。あくまで現状を追認した仕事に過ぎないということだ。

そして、本来あるべき姿を模索して仕事をすることや、新たな価値を創出するような仕事に対して、できない理由をつけている。組織がそのような体制になっていない、人員が足りない、忙しい、上司の理解がないなどと他者のせいにして行っていない。つまり、自分の周りにある課題を「自分のこと」として捉えていない、というのである。

変革を待つな、自分で起こせ

これまで偉そうなことを言って、自分では仕事のできる公務員だと思っていたが、それらはどれも自分から「あるべき姿」や「価値前提」を考えて行ったことではない。地域を良くする、世の中を良くしたいという言葉に同意はしていても、所詮は他人任せで、自分の志など無きに等しかった。

すべては自分が何とかするという志がなければ、永遠に不満や愚痴を言って終わってしまう。そんな生き方を自分はしたいのか？　否だ。ならば、すべて自分のこととして捉え考えなければならない。

法律がこうだから、県庁の組織がこうなっているから、自分に権限があるないは関係ない。それらは単に、やらないことの言い訳に過ぎないのだ。

できない理由というのも、実は思い込みの部分も大きい。たしかに、一担当者である職員に法律を決める権限などない。だが、問題はそこにあるのではなく、法律や仕組みを決める権限がないからとそこで終わってしまうのか、権限がない中でどのように実現させようと考えるのかの違いこそが問題なのである。

発想を変え、やり方を変えれば法律やルールを変えなくてもできることもあるかもしれない。「あるべき姿」や「価値前提」で物事に取り組めば、決して困難や不可能も、未来永劫そのまま困難や不可能であることはないと人材マネジメント部会に通った2年間で叩き込まれた。

ある参加者は「ここは研究会ではない。道場だ」と言った。言い得て妙だった。

上辺だけを取り繕ったきれいな言葉や、他責型の発言は容赦なく厳しい指摘に晒される。何度もぶつかっては投げ飛ばされることをくり返し、ようやく、どんな状況下でも自分が真に「こうあるべき」「こういう価値をつくりたい」と腹の底から思ったものを堂々と提示できるようになった。


私も、2か月に1回行われた毎回の部会、研修会では文字どおり心も思考も傷だらけになった。自分では、そのようなつもりがなくとも、無意識に「自分のできることはここまでである」という線引きをしてしまっていたのだろう。

その点を見透かされていたわけである。これは、自分の立ち位置、スタンスと言い換えてもいい。難しい問題に直面したときに、できないというスタンスを取るのか、難しいからこそやってみようと一歩前に出るのか。

ほんの一歩の違いが、後になって大きな違いとなり、結果的には自分が目指す「あるべき姿」「つくりたかった価値」に到達できるかどうかの違いとなる。

人材マネジメント部会で自分自身の見えない殻を破らせてもらった私は、県庁内でも誰に言われたわけでもなく自ら動き始めた。私一人だけが県職員としての「あるべき姿」「新たな価値創造」を考えていても仕方ない。一人でも多くの、特に若手職員がそうした姿勢で動き出すことが組織風土を変え、県庁の仕事を変えることにつながるからだ。

変革が起こるのを待っているのでは、仕事を「自分のこと」として捉えていることにならない。変革は自分から起こしていくものだ。

そこで、私が旗振り役となって始めたのが、部署の壁を越えてアフターファイブに行う自主勉強会である。仕事ではない。勤務時間外に志ある人間が自主的に集まって勉強会をするのであれば権限も何も必要なく、むしろ役職者でない私のほうが声をかけやすいと思ったのだ。

リード・ザ・セルフ

「あるべき姿」「新たな価値創造」を前提に、一人ひとりが自分に壁を作らずに話し合い、お互いを動機づける。人材マネジメント部会の佐賀県庁版をアフターファイブの非公式な自主勉強会として立ち上げたとき、私の中で去来した言葉があった。

リード・ザ・セルフ——。

これは、部会の幹事で私が師と尊敬する鬼澤慎人《おにざわまさと》さんから教えてもらったもので、リーダーは他人をリードしない、自分をリードする、という意味の言葉だ。

自分自身をリードするところからすべては始まるのである。自分ができてもいないのに、周りが一緒に何かを始めようとは思わない。変革を起こしたいのなら、自分がまず身をもって示すことだ。

どんなに泥臭くても、不器用でも構わない。まずは、自分の必死な腹からの声、自分自身から湧き起こる想いをそのままぶつけてみる。今から考えれば恥ずかしいと思うようなことでも、私はそのまま口にしていた。

すると、それまで口を閉ざしていた人たちの中から、自らの胸の内にある秘めた想いを語ってくれる職員が出てきた。最初は僅か数名だった。それでもうれしかった。

いい大人が「あるべき姿」に基づいて夢を語る。お互いが、それまで重たい蓋で閉ざされていた想いを語っているのを見て、なくしつつあったやる気が蘇ってきたという人もいた。自分だけではないと、気持ちが通じたことが何よりうれしいという人もいた。

私は、そうやってみんなが傍観者から当事者、そしてさらに一歩進んで変革の推進者になっていくための〝黒子〟となれることに喜びと誇りを感じるようになった。

最初はゼロの何もないところからである。人材マネジメント部会で私の中に灯った小さな火種が、一人、また一人と広がり、若手職員の間だけでなくさまざまなところで自主勉強会の輪が生まれていった。

役職や権限、組織の体制に関係なく、自分たちにもできることがある。そんな雰囲気、空気が県職員の中にできてきたのだ。もちろん、私一人でやったことではない。

かの上杉鷹山《ようざん》の「火種の話」のように、一つの火種が新たな火を起こし、その火がさらにまたというように火をつけたわけである。中には、すぐに火がつかないこともある。水を浴びせられることもある。

それでも、熾火《おきび》のように完全に消えることのない火種から、変革は広がっていく。それもすべては「自分にできる小さなこと」からである。幕末・維新期に日本を変革した偉人たちもそうである。昔は、そうした偉人は根本的にスケールも能力も違う人たちのことだと考えていた。

しかし、そうではないと思うようになった。彼らは、まず自分自身を変えたのだ。不満を他者にぶつけ、できないことの理由を挙げるのではなく、自分にできることをやっただけなのだ。そうして変わった彼らに共鳴した仲間が加わり、やがて藩という組織が動き、そのうねりが結果的に日本という国を変えたのではないだろうか。

嫌われる勇気

出る杭は打たれるという。民間企業でも話を聞くが公務員の世界でも能動的、自立的に活動している人間はそれだけで目立つことになる。すると、摩訶不思議な現象が起こる。その人間がやっていることそのものではなく「目立っている」ことに対して批判ややっかみが出てくるのである。自分たちは粛々と日々の変わりない業務を行っているのに対して「何だ？　あいつは目立ちやがって」ということになる。

結果的にさらに、「嫌われ者」や「はみだし者」にされてしまうことも多い。

私はそれまでは特に敵がいるわけでも、嫌われていることもない、普通の職員だった。間違いないのは、職員研修所に異動になるまでは、からかわれることはあっても、批判や陰口を叩かれるようなことはなかったということだ。

それは当然のことだったのかもしれない。真面目にやってきたし前例のないことにも取り組んできたつもりだったが、それでも公務員という決まった箱から飛び出ることもなく、きちんと箱の中のルールに従って仕事をしていたからだ。逆に言えば、箱から飛び出すような仕事をしてはいけないと思っていた。

法律を変えたり、ルールを変えたり、それまで定まっていたものを変革するようなことは選挙で選ばれた国会議員や知事や市長たち政治家がやるか、もしくは霞が関の官僚がやることだろうと考えていた。県職員がそうしたことをやるのは筋が違うと、自分で決めつけていたのかもしれない。


語弊があるかもしれないが、私は職員研修所に異動になり、人材マネジメント部会で鍛えてもらったことで明らかに「おかしく」なった。部会のメッセージを人一倍真に受けてしまったのだ。それが正しかったかどうかは今のところまだわからない。ひょっとしたら箱から飛び出さないほうが幸せだったのかもしれない。自分で、こんなことをすれば敵が増えるだろうと思って行ったことなど何もない。どれも結果的に目立つことになっただけで、目立ってやろうなどとは思ったことがないのだから。

私も公務員である前に、一人の人間であることに変わりはない。嫌われ者に好き好んでなりたいかと言えば、それは違う。だが、志を成し遂げ、変革を起こしていく過程においては、ときに批判されたり嫌われることは避けられない。

そんなとき、人材マネジメント部会で教わった「小さなことから始める勇気」「始めたことを大河にする根気」という言葉を思い出す。これは公務員に限らず、どんな仕事をしている人でも同じだろう。

信念を持って物事に取り組むために一歩前に出ることは、嫌われる勇気を持つということでもあるのだ。

第3章

命を救う救急医療変革

最悪と呼ばれた職場へ

レナセルと呼ばれる職員研修所での3年間で、私は県庁の外部にも多くの仲間をつくることができた。

全国の地方自治体で、組織改革、人材育成に携わり、事実前提で仕事をするのではなく「あるべき姿」「成し遂げたい仕事」を前提に、新たな仕事に取り組もうとしている同志の姿に、幾度こちらも励まされ勇気づけられたことだろうか。

英語での表現に「Think outside the box（枠にとらわれずに考える）」というものがある。まさに私は、県庁という枠の外に出て既存の枠組みにとらわれずに、本来自分たちはどうあるべきかというところから、さまざまな疑問や問いを投げ掛けた。

若手職員を中心に、自主勉強会など「自分の頭で考える」新たな取り組みも生まれ、従来の管理型公務員とは違った働き方が生まれた。知事を筆頭に、県庁全体として目指していた職員の意識改革、組織風土改革の流れに、幾分かの水量を増すことはできたのではないかと思う。

そして、2010年4月の人事異動で私が行くことになったのは、健康福祉本部の医務課だった。

(円城寺、最悪なところに異動になったな……)

この辞令を知った同僚の心の声が聞こえてくるようだった。というのも、医務課は県庁内でも誰もが行きたがらないワースト部署の上位に入るところだったからである。何より、きつい職場として知られていた。仕事量が桁外れに多く医療関係との折衝や調整は容易ではなかったからだ。

残業が常態化しているのはレナセル時代からわかっていた。医務課の人間は誰一人として研修に申し込んでこないし、コンピテンシー育成評価制度も手つかず。それほど日々の業務に追われて、組織としてうまく回っていなかったからだ。

そもそも、福祉や医療に関する分野は、人命に関わってくることもあって業務量の削減が難しい。効率化で深夜の救急体制をなくしますというわけにはいかないのである。

さらに仕事を難しくしているのは、福祉にしても医療にしても、直接自分たちが施策を実行し改善できない点である。補助金を出すことで、それを医療機関で実行するための仕組みづくりも現場にお願いし、オペレーションを回してもらわなければ形にはならない。医務課はコーディネーター役だ。

間接的な業務が山ほどあるため、どうしても医師会や医師、医療機関関係者のバランスを窺いながらの仕事で余計に疲弊するのである。

膨大な仕事量

私の担当は、救急医療を中心に、原子力災害時の被ばく医療や小児医療など、かなり広い範囲で膨大な仕事の量を持つことになった。

前任者は3年で異動するところを5年も医務課勤務をやっていたのだがその人の仕事がそのまま何も知らない私の上に、どさっと落とされたのである。

さらに、県の救急医療情報システムが更新の時期を迎えていたため、そのための仕事も同時に走らせなければならなかった。

係には係長を筆頭に5人の職員がいたが、それぞれが目いっぱいの仕事を抱えつぶれそうになっていた。さすがに、これはおかしいのではないかと歓迎会の席で係長に理由をたずねた。

レナセル時代に、県庁のほとんどの部署を回ってきたが、それぞれ大変な業務の中でも、何とか部署内で一部の職員だけに負荷が偏り過ぎないように調整しているのも見てきたからだ。

すると、係長はこう言ったのである。

「すまんね。俺もわからんのよ。昨年初めて医務課に来てわからないことだらけでイロイロ教えてもらおうと思ったんだけど、みんないっぱいいっぱいで余裕がなくて、なんもせんでいいと。どうせ、あんたはわからんから会議も黙って座っとけ、印鑑も黙って押しとけばいい、と言われて俺もつらかったんだよ……」

その係長はその後、救急医療情報システムを構築する際に難解で膨大な事務量の入札・発注業務を私に指導してくれることになるとても優秀な人なのだが、そのときはさすがに泣きそうな顔をしていた。誰が悪いわけでもない、いつのまにかみんながバラバラの方向に向かってしまうことは医務課でなくてもよくある話だ。しかし誰も全容を把握していない仕事の山ばかりを抱え、これから先のことを考えると暗澹たる気持ちになった。

　課の他の係の職員も同様に疲弊し、人間関係もずたずたで誰かが誰かを思いやる余裕もない。庁内でも話題に上がるような目立つような仕事内容でもなくモチベーションも落ちるところまで落ちている。とにかくすべてが後ろ向きでマネジメントが崩壊している職場だった。

　とはいえ、特に救急医療などは人命にも関わることなので仕事を止めるわけにはいかない。たとえば救急病院の指定などは県が行うが、救急医療を担ってもらうために国に申請書を上げて補助金を出し、その受け入れを行い、県の会計で支出した後は、病院から実績報告書をもらうことが必要になる。

　そうした煩雑な業務が、各医療機関で行われ、あっという間に書類の山に埋もれてしまうような状況だった。もちろん、業務は救急医療だけでなく小児医療や災害医療など多岐にわたり、後に手掛けるようなｉＰａｄを救急車に配備するような救急医療変革の取り組みがなくても、3人分ぐらいの業務量は優に抱えていた。

やることはとんでもなく多く、マネジメントは崩壊し、雰囲気は最悪。それまで自分はレナセルで「職員としてのあり方を変える」「職場の雰囲気を変え、仕事のやり方を変える」ということを学んできたわけである。そういう意味では、間違いなく「最悪」だが力を試すことができる「最高」の環境だと思った。まさに自分のやってきたことが問われる場所だった。

しかし、それがいかに甘い考えであったかをそれから思い知るのであった。

盟友との衝撃的な出会い

事実前提、つまり現場の現状を前提に「こういう状況だからできない」という言い訳をせずに、本来「あるべき姿」を前提に、より新たな価値を生み出すための仕事をする。そのために、まず自分が行動し仕事のやり方を変え、職場の雰囲気も変えていく。

私にとって医務課は、そうした仕事をゼロから行うチャンスだと捉えていた。では、まず何からやるべきなのか。人材マネジメント部会でも学び、歴史からも学んだことが「現場に出る」ということである。

私の担当する医療機関の施策全般の中でも、当時、特に課題となっていたのは救急医療だった。日本の救急医療が厳しい状況に置かれていることは、知識としては知っていた。

2000年には全国で救急搬送された人の数は約399万7000人だったものが2010年には497万9000人と100万も増加していた。それに伴って、119番通報から病院搬送までの時間も2000年には27・8分だったものが、2010年には37・4分と10分も伸びていた。

救急患者は増えているが受け入れを行う救急医療機関の数は増えていない。佐賀県の場合も救急指定している医療機関の数は市町村合併に伴う公的病院の統合や小規模な医療機関が救急の看板をおろしたその結果、特定の医療機関に受け入れ要請が集中することになり、状況によっては受け入れを拒まざるを得ないケースが発生していた。

こうしたデータからも窺えるように、搬送先が見つからないことによる〝救急患者のたらい回し〟が社会問題にもなっていたが、実情はどうなのか、何が解決のための真の課題なのかは現場に行かなければつかむことができない。

まず訪問したのは、当時の佐賀大学医学部附属病院救命救急センター（現在は高度救命救急センター）である。

佐賀県には重症及び複数の診療科領域にわたるすべての重篤な救急患者を24時間体制で受け入れる救命救急センターが2か所（地域救命救急センターを含めると4か所）指定されている。

佐賀大学医学部附属病院救命救急センターは、当時の佐賀県立病院好生館（現在は独立地方行政法人佐賀県医療センター好生館）と並んで県の救急医療の中核を担う医療機関であり、その救命救急センター長が、阪本《さかもと》雄一郎《ゆういちろう》教授だった。教授といっても私と10歳違いで、当時まだ42歳の若い教授である。

後に救急医療変革を共に進めていく際には、先輩でありながら私の〝盟友〟のような存在になるのだが、最初に私が挨拶に伺ったときの衝撃は忘れられない。

「初めまして。この度、県の医務課で救急医療の担当となった円城寺です」

忙しい阪本教授を追いかけ、ようやく受付近くの廊下で教授をつかまえて名刺を差し出し挨拶をした。

「……円城寺さんですか」

教授は私の顔を何の感慨もなさそうに見つめた。きっと忙しくて疲れているのだろうと思ったが、それにしてもあまりにも無表情である。

「今後とも——」

と言いかけたところで阪本教授は「わかりました。では」と言って、白衣を翻して去っていってしまった。

ふと、受付カウンターを見ると、さきほど私が手渡した名刺が無造作に放置されたままになっていた。名刺すら受け取ってもらえないんだ……。私は茫然と、教授の後ろ姿を見送るしかなかった。

誤解のないようにお伝えしておきたいのだが、阪本教授は決して人を見下して偉ぶる人ではない。教授という肩書きがありながら誰に対しても平等で、真摯に話をしていただける、佐賀で最も信頼されている救急医師である。教授といえどもドラマや映画で描かれるような、白衣の権威を振りかざすことはあり得ない。救急医師は、日夜命を守る壮絶な戦いの中、愚直に救急患者さん一人ひとりの命と向き合っているすばらしい方が多い。

そんな人徳のある教授が、初対面の私になぜ冷たかったのだろうか。

マイナスからのスタート

阪本教授は、佐賀大学医学部附属病院での勤務の前に千葉県にある日本医科大学千葉北総病院でドクターヘリに乗るフライトドクターをしており、その搭乗回数は500回近く、当時全国でも1、2を争う経験量の持ち主だった。

千葉北総病院はドクターヘリを使った救急医療の先駆的存在として知られている。

人気ドラマ『コード・ブルー　－ドクターヘリ緊急救命－』では、ドラマのメインロケ地として使われ、ドラマ中でドクターヘリに搭乗する医師が着用している青いユニフォームも千葉北総病院のものがモデルになっている。

さまざまな医療リスクの高い救命救急が医師志望の若者に敬遠される中でも、千葉北総病院の救命救急センターには、全国から志望者が列をなし、海外からも救急医療の論文などで知った医学生が実習にやってくるようなレベルの高い場所である。

そして、地元の佐賀に帰ってきた阪本教授が目の当たりにしたのは、自分が学びに出たときと何も変わっていない救急医療現場だった。まず現場の顔ぶれが変わっていない。新人がほとんど入っていないのだ。

これでは駄目だと、阪本教授は県にも救命救急体制の改革や、ドクターヘリの導入検討なども訴えてきたが、全国の状況と比べて特段佐賀県だけが切羽詰まっていたわけではないので、以前と変わらない状況が続いていたのである。

もちろん、県としても救急医療を軽視していたわけではないのだが、佐賀県の救急医療の状況は、搬送時間や医療体制などで見ても全国最下位というほど悪いものではなく、そのために危機感が乏しかったことは否めないだろう。

そうしたところに県の新しい救急医療担当者として私がやってきたわけである。後から聞いた話だが、阪本教授曰く「軽そうな人間が来た」と思ったそうだ。それまで、ただでさえ救急医療現場の声が県庁に届かなかったのに、さらに見た目の軽い担当者に代わったことで「県はやる気がないんだな」「もう話しても駄目だ」と思ったらしい。

他の救命救急センターでも状況は似たようなもので、私は医療現場で話も聞いてもらえないというマイナスの状況からのスタートになってしまった。

揃わない足並み

医療機関で救急医療の現場に入ることは、想像以上にハードルが高かった。物理的、組織的なハードルもさることながら、行政に対しての現場からの拒絶感が強かったことも理由のひとつとしてある。

そこで、本書の冒頭で記したように医務課の管轄外であることを承知で、救急車への同乗を頼むことにした。

この時点で感じたことは、救急医療と一口に言っても、その中身は複雑であり、救急患者のたらい回しのような問題を解決するにも一筋縄ではいかないということだった。

そもそも、救急医療を預かる医療機関同士も互いに連携や助け合いができているとは言えず、医療機関と救急搬送を担う消防とも意思疎通がうまくいっていない。消防側に話を聞くと、搬送時間が延びているのは医療機関が受け入れをしてくれないからだと言い、医療機関側からすれば消防が何も工夫せずに、救急患者を押し付けてくるからだと言う。

そして、みんなが口を揃えるのは「県は何もしてくれない」ということだった。想像以上に、世の中の救急医療に携わる人たちの足並みは乱れていたのである。

佐賀広域消防局にアポなしで飛び込み、救急車への同乗のお願いをして「バカじゃなかね！」と叱られた私は、その日はおとなしく引き下がり、その翌日に今度は電話をかけた。もちろん、前日の非礼をお詫びすると同時に、何とか現場に入る糸口をつかみたかったからだ。

私を叱った消防課副課長の高祖さんは、呆れてはいたが、医療機関を訪問したときのように相手にされなかったわけではない。むしろ、きつく言われたということは、無視されるよりは良かった。

その後も「近くまで来たので」などと、何かと口実をつくっては高祖さんのところに伺い、何とか救急車に乗れる方法ってないですかね、と世間話半分で話をした。そうすると、少しずつ、高祖さんの私を見る顔つきが変わってきた。

こいつは確かにおかしなことを言っている。だけれど、何かこれまでの県庁の人間とは違うのではないか。本気で救急搬送の現場を知りたがっているのではないか。そうでなければ、相当きつく言われているのに、何度も足を運ばないだろう。

そんなある日。いつものように消防局を訪問した私に、高祖さんはいつになく真剣なまなざしでこう言った。

「いいね、円城寺君。前も言っとったが、事故に遭うかもしれんし、病気をもらうかもしれんと。どんなトラブルがあるかわからん。その覚悟はあるね？　死んでも我われは責任を取れないよ。よかね？」

私は、もちろんですと頷いた。そして念書を書くことにした。《救急車に同乗したことにより私に万一のことがあっても一切貴消防本部にはご迷惑をおかけしません》という一筆を差し入れることにしたのである。

念書の法的な効力がどうとかではなく、それだけの覚悟を自分もしていることを示さなければならないと考えたからだ。そうすると、高祖さんは「わかった」と静かに答え、消防局長に掛け合ってくれることになった。

大ベテランによる直談判

県庁職員が救急車に同乗したいと言ってきているが、乗せてやれないだろうか――。今度は、その話を消防局長に伝えた高祖さんが「バカじゃなかかね！」と言われる番だった。しかも、救急搬送の修羅場を知っている大ベテランが言うのである。

人命を預かる現場がどれほど危険かつ責任があるかを熟知してるだけに「あんた正気ね？　何言いよっと？」と、私のために高祖さんまで変人扱いされてしまった。救急隊員でもない県の一職員が救急出動に入り込むなど前例のないことである。絶対に駄目だというのが当初の局内の判断だった。当然だろう。だが、それでも高祖さんは食い下がってくれた。

「この円城寺君という男は、誰かから救急車に乗ってこいと命令されたわけじゃなかとですよ。もともと何も関係もない業務をやってきて、一から救急搬送の現場を学んで業務に生かしたいと考えている。そうやって県庁職員がリスクを取ってやろうとしているのに、俺たち消防が腰が引けてどうするんですか？」

高祖さんがそこまで言ってくれたことで、佐賀広域消防局として異例の同乗許可が出たのである。実際問題として高祖さんの存在がなければ、それ以降の救急医療の変革は成し得なかったと思う。

しかし、実際に現場に入るとなると、さらにさまざまな問題をクリアする必要があった。とにかく第一は、素人の私が入ったことで無用のトラブルがあってはならないということだ。

高祖さんからも言われたことだが、私が救急現場でうろうろしていると、周囲の人たちはどう見るか。消防側は、県庁から同乗で来ている職員で役に立たないのはわかっている。だが、周りの人は、そうは思わない。余計なことをしたり、まずいことをしたら、それだけで消防の信用はがた落ちになる。最悪、まともに現場対応もできない救急隊員がいると投書でもされたら大きな問題になる。

そのため、一時は、同乗してもいいが救急車から下りるなという話も出ていた。緊迫した現場で、何もせずに突っ立っている人間がいても邪魔になり、一体何をしているのか？　大丈夫か？　と不安がられてしまうだろう。だからといって、私一人だけがスーツで救急車に乗って現場に現れるのは、さらにあり得ない。不自然すぎる。

そこで最終的には、救急隊員と同じ格好をして腕に「研修中」の腕章をつけるということで落ち着いた。

救急出動要請！

忘れもしない2010年5月。一晩だけという約束で、「同乗研修」という許可をもらい救急車に乗り込む日がやってきた。

通常勤務を終えた後の17時半から、翌朝まで救急隊員と同じように消防署で待機して、出動要請が入れば同乗して現場に向かう。

それまでは乗せてもらうことに気持ちが燃えていたが、実際に救急現場に出動するとなると、さすがに不安になってくる。自分の場違いな行動で処置に何か問題が発生したり、救急搬送の邪魔になってしまったら……と考えてしまい、不安を隠せなかった。

また、場合によっては私だけ途中で救急車から降ろされることも覚悟しておかなければならなかった。救急車に乗れる人数は限られている。もし、患者のご家族が複数同乗して病院に向かうことになったときは、当然、最も必要のない私が降りることになる。たとえその場所が人がほとんど通らない山の中であろうと県外であろうと、そういうこともあり得ると釘を刺されていた。

救急車の同乗にあたっては医務課の上司の許可も取ったが、最初は「なぜ?」と言われ、許可してもらえなかった。医務課の管轄外のことをなぜ行うのか。そんな時間があれば、ただでさえパンクしている仕事を処理してほしい。そう言われた。

そのときは「県庁の人材育成の方針は現場主義となっているじゃないですか。だから現場主義で救急車に乗り込みます」と言い切って許可をもらったのだが、今から思えば、よく許可をいただいたなと当時の課長と係長の人間としての器の大きさを尊敬するばかりだ。

そして実際に、消防署に入り救急隊員の方々と一緒に待機することになった。ここで救急隊員について簡単に説明しておきたい。各自治体で差はあるものの、救急隊員は基本的には救急車1台につき3人一組でチームを組んで活動を行う。全体をコントロールする隊長、救急車の運転と救急業務をサポートする機関員、そして隊員の3名だ。毎回役割は固定されるわけではなく、シフトによって役割は変わる。昨日は機関員だった人が明後日は隊員になったりすることもあるのだ。

皆さんが１１９番通報をした場合に消防署では何が起きているか。１１９番通報の発信場所は、ＧＰＳなどを使って即座に通信指令室のモニタの地図上に表示される。通信指令員はまずは「火事ですか？　救急ですか？」と要請内容を確認する。火事の時には消防車が、急病の時には救急車が、現場から最も近い消防署から出動する。通信指令員がボタンを押すと消防署の館内放送で出動要請が入る。初動の早さが生死を分ける。詳しい情報は救急車が消防署を出て現場へ向かう間に通信指令員が聴き出す。このときに要請内容でさらに高度な医療行為が必要だと判断した場合には救急車だけでなく、基地病院へ連絡してドクターヘリの出動も要請する。本当に１分１秒を争う現場なのだ。

待ち時間に救急隊員の皆さんからそんな情報を教えてもらっているうちに徐々に余計な緊張はほぐれてきた。救急隊員の皆さんはとても明るくにこやかな人が多い。待機中は眉間にしわを寄せてしかめっ面で延々と待機するようなイメージを持っていたので驚いた。

明るいと表現すると違和感を持たれるかもしれないが、救急隊員も四六時中、常に厳しい顔つきでいるわけではない。逆に、署内での待機中までピリピリと神経を張り詰めていたらとても身体がもたないし、いざ現場に出動したときに機敏で的確な動きができないだろう。

普通に談笑しつつ、いつ入ってくるかわからない出動要請に備えるのだ。むしろそっちのほうが気持ちの切り替えができていてすごいと思った。結局は慣れていない私だけが緊張してギクシャクしながら過ごしていた。ご飯を食べないと身体がもたないよ、と言われたがそんな気分にはなれないし一食くらい食べなくてもどうということはないと思った。

そしてだんだんと日も暮れて夜になり時計の針が21時過ぎを指した頃だっただろうか。

突如、サイレンと館内放送が消防署内に大ボリュームで鳴り響いた。

「救急指令、救急指令。佐賀消防署管内、急病、佐賀市○○町」

その瞬間、一気に救急隊員たちの表情と空気が変わった。あっという間に隊員たちは救急服の上に薄いブルーの感染防止衣を着て走り出す。私も慌てて後に続いた。自分の心臓の鼓動が聞こえるようだった。小走りしたせいだけではないだろう。緊張と、そしてこれから何が起こるかわからないという恐怖と不安を頭を振って必死に打ち消しながら、救急車へと走った。

出動時のことも不安要因だった。そもそも救急車に乗り込むような本格的な訓練など、当然私は受けていない。簡単にレクチャーはしてくれたのだが、いつどのようなタイミングで出動するかさっぱりわからない。

救命もののドラマDVDを借りて予習はしてきたが、その中に2階から1階へつながっている「滑り棒」を救急隊員が一斉にスルスルと降下して救急車へ乗り込むシーンがあった。これはマズイ。訓練もしていない私にそんなことができるのかと不安で仕方なかった。ここまでしておいていざ出動するときに救急車に置いていかれました、ごめんなさい、ではシャレにならない。

ところが、実際は滑り棒など消防署にはなく、みんなで一斉に階段を駆け下りていった。あとで救急隊長に教えてもらったのだが、昔は滑り棒が使われていた消防署もあったようだが、隊員が一人ずつ下りるのを待っていなくてはならずかえって時間がかかる。それに、稀ではあるが滑り棒での出動降下中にうっかり落下して骨折するような事故もあったことから使われなくなったのだ、ということだった。

出動指令が出てから実際に救急車が出動するまでにかかる時間は、わずか1分から2分ほど。そして救急車が現場に向かっている間にも、刻々と続報が消防指令から飛び込んでくる。


《……佐賀消防から佐賀救急2へ、佐賀市○○町、入浴施設内急病人、70代男性はサウナ入浴中意識を失い倒れた模様、現在呼吸等の確認を行っている状況》

夜の町にサイレンを響かせながら走る車内で、隊員の一人がぽつりと私に言った。

「円城寺さん、これは厳しい活動になりそうですよ」

その意味は現場に到着してわかったが、救急車同乗の初っ端から、かなりの重症患者の救急搬送を目の当たりにすることになったのである。

到着した入浴施設に入ると、施設のスタッフが走り寄ってきた。患者が倒れているというサウナ室に案内してもらうと、施設スタッフとお客が協力してサウナ室から患者を運び出しているところで部屋の前にはすでに人だかりができている。救急隊の姿を見て解けた人だかりの中へ進んでいくと、高齢の男性がタオルを一枚巻いただけの姿で床にあおむけで倒れていた。救急隊は急いで意識の確認と応急処置を行い、搬送の準備を行う。その横で私は何か手伝えることをと考えたが、何もできることがない。仕方なく、野次馬のようになっている人たちに「さがってください」「道を空けてください」と、現場が混乱しないような調整をすることが精いっぱいだった。どうでもいいが、大学生時代にコンサートスタッフとして客誘導をしたアルバイト経験が思わぬところで役に立った。

肝心の搬送先は、患者の意識がまったくない重症状態だったこともあり、救命救急センターへの搬送がすんなりと決まった。これまで酔っ払いや熟睡している人間を見たことはあったがそれでもまだそれは完全に意識がなくなっているわけではなかった。完全に意識を失うとどういうことが起きるか。すべての筋肉が弛緩してしまう。それは日頃私たちが無意識にコントロールしている筋肉も弛緩するということで、搬送中に失禁や脱糞することも珍しくない。この患者さんも同じで搬送先はすんなりと決まったものの、救急隊員の活動がいかに生々しくて凄まじいものかを1件目で思い知ることになった。

救急医療最前線で見た現実

2件目の通報は警察署からだった。酔っ払いを保護したが様子がおかしく、急性アルコール中毒の疑いがあるとのことだった。

ここでこれは私が思い描いていた救急搬送のイメージとはちょっと違うんじゃないか

と思った。テレビなどで目にするものは、目を覆いたくなるような悲惨な事故現場などで活躍する救急隊員の姿ばかりだからだ。救急車は交通事故や予測できない急病などで呼ばれるものではないのか？　しかし私が同乗したときに遭遇したのは、もしかしたらサウナにしても飲酒にしても自分の注意次第で防げたものかもしれない。そのことを救急隊員に話すと、彼らは「いや、こういうことが救急現場の日常ですよ」と苦笑しながら答えてくれた。

大きな事故などは報道もされるため、印象に残る。だが、実際の救急出動は軽傷のもの、あるいは事故とは呼べないものがかなりの件数ある。机の上で資料を読んで知識としては知っていたが現場の肌感覚からするとかなり印象は異なった。

3件目の出動も酔っ払いだったが、このときは搬送先がなかなか決まらなかった。ちょうど私と同じ世代の男性が河川敷でバーベキューをしていて、意識がなくなったというのだ。聞くと心療内科に通っていて抗うつ剤を服用しながらお酒を飲んだようだった。

お酒と抗うつ剤を同時に飲むことがよくないことであるとはほとんど病院に通ったこ

とがない私でもわかることだ。さらに、急性アルコール中毒自体が医療機関にとっては厄介なのである。患者さんが暴れることで処置が大変であることや、嘔吐による吐しゃ物が器官に詰まることなどのリスクもあることから頻繁に確認や観察もしないといけないので、受け入れた医療機関はかなり大変なのだ。

その上、この患者はさらに精神疾患もあったため、どの病院からも受け入れが困難だと言われてしまった。なかなか搬送先が決まらず現場を離脱できないことに、救急隊の焦りも高まっていく。そんな状況下で、その患者の友人たちは「さっさと連れていけ」「何やっているんだ」というようなことを言ったり、酔った勢いもあり周りで騒ぎ立ててくる。

その間も隊員の方々は、わき目もふらず真剣に受け入れ先を探し、受け入れのお願いを続けていた。

急性アルコール中毒と精神疾患が重なっているケースでも受け入れてもらえる病院を、経験と勘を頼りに探すしかない。ようやく6件目の交渉で受け入れ先が決まったが、それまでにも何回も同じ患者の状態や経過などの説明を行っているのだ。しかも病院の体制によっては、守衛さんから看護師、看護師から医師とつなげてもらう度に何度も同じ説明をしなくてはならない。それでも救急隊員は嫌な顔ひとつせず、ただひたすら1秒でも早く病院に搬送するために同じ話をていねいにくり返しながら電話越しに頭を下げ続ける。

その姿を自分の目で直に見て、思った。この状況こそ真っ先に変えなければならないことではないか。もちろん今回のように自己責任が原因での救急搬送を減らすことが一番の解決になると思ったがそれには地道な啓発活動を行うか救急車を有料化して厳格運用するしかない。でもこの目の前で起きている光景。救急隊員が経験と勘で必死に医療機関を探して頭を下げ続ける光景を何とかできないだろうか。

それまでも頭ではわかっていたつもりだった。しかし、現場に密着して目の前で起こっていることを見て、本当に腹に落ちた。

こうなってしまっているのは現場の救急隊員たちが悪いのか。そんなはずはない。与えられた武器が携帯電話一本だけでは、どうしようもないではないか。それを根本的に変えない限り、問題は解決しない。それを何とかするのが自分の仕事だと心の底から思った。

再び医療現場へ

救急搬送の現場で目の当たりにした理不尽な状況を何とかしたい。しかし、考えれば考えるほど、問題が多すぎた。

そもそも医務課の自分の職務を超えたところからアプローチをしている。自分の範囲外のことをすべて解決しようとしたら、それこそ自分が最高権力者にでもなって法律から組織からすべて変えてやるしかないのではないか。

そこを突き詰めても単なる夢想で終わってしまう。そのとき、思い出したのが人材マネジメント部会に参加しているときに学んだ経営学者ピーター・ドラッカーの言葉だった。

ドラッカーは企業にしても公的機関にしても、やることが一つしかないような状況はあり得ないという。現状は複雑で、やるべき課題は山積みしているのが普通なのである。

そうした状況で、投入できる人材も時間やお金も限られている中で成果を出していくには、すべてをやろうとしてはいけない。

「イノベーションに成功するには焦点を絞り、単純なものにしなければならない」という彼の言葉のように、自分の中で救急現場で何が一番気になったのかを考えた。

すると、やはり脳裏にこびりついていたのは、搬送先を探すために何件も医療機関に電話をかけては断られていた救急隊員の姿だった。まず、ここから変えよう。この時点では、救急搬送の現場しか見ていなかったので、正直なところ医療機関側の問題だと思っていた。医療機関が受け入れを断るからいけないんじゃないか。単純にそう考えていた。

そこで救急患者を受け入れる医療機関側がどうなっているのかを知るために、医務課に配属されて最初に挨拶に伺った佐賀大学医学部附属病院救命救急センターに、現場に入らせてほしいとお願いに行った。

当然ながらここでも、患者の個人情報の問題もあり、そうした前例はなく難しい、と病院の総務課に断られた。医療機関は、県の医務課で仕事をしている自分の関係先であるはず。管轄外の救急車がOKだったのだから、救急医療の改善のために現場を見ることを断られることはないだろうと安易に考えていたが甘かった。むしろ現場を知らない総務課の人たちが自分たちの判断で許可を出せるわけがない。

こうなったら、現場の医師に直接お願いをするしかない。救命救急センター長の阪本教授の顔が思い浮かんだ。最初の挨拶で名刺も受け取ってもらえず、その後は県の会議などで顔を合わせる程度だったが、とにかく頼むしかない。病院の総務課にしても現場の医師がOKを出せば、許可してくれるのではないか。

そうして、何とか阪本教授に頼み込み、後ろを付いて回る程度でいいですということでOKをもらった。その時点で阪本教授との仲が良くなっていたわけではないが、私が実際に救急車にも同乗して現場を見てきたことを知って、自分の管轄外なのにそこまでやるのかと、少しは思っていただけたのかもしれない。

救急搬送で病院に送り届けるところまでは見た。その先の続きを見せてほしい。そうでなければ問題を解決することができない、という話をしたのである。

医師は神様ではない

救急車への同乗研修を経て今度は佐賀大学医学部附属病院救命救急センターで一昼夜、救急医療の現場を見ることになった。

救命救急医療における県の中核を成す医療機関だけに、搬送されてくる患者さんの数は想像以上に多い。ひっきりなしという表現がぴったりくるような状況だった。それでも昼間は専門医が大勢いるため連携して対処できるが、夜間は当直の医師で基本的に対応しなければならない。

今回の救急医師での密着でも、救急車のときと同様、スーツではなく医師と同じように白衣を着用し、できるだけ周囲から見て自然な状態で行った。

ただ、消防署での待機とは違い病院内なので大勢の患者さんや、そのご家族ともすれ違う。こちらは白衣を着ているので、どうしても医師と間違われることもあった。

最初は「いえ、違うんです。県庁職員なんですよ」といちいち説明していたが、次第に場に慣れてきて同じ説明をすることが面倒になったこともあり、患者さんに挨拶されると「大丈夫ですか？　最近暑くなってきましたものね。お大事にしてくださいね」などと調子に乗って挨拶を返していると、本当に具合の悪くなった患者さんが私のところへやってきて大いに焦った。

「ちょ、ちょっと待ってください！　本物の先生を呼んできますから！」

先生、先生と呼ばれて調子に乗っていたせいで冷や汗をかくはめになってしまった。


話を戻すと、救急医療の現場では、ひっきりなしに搬送されてくる患者さんに、文字どおり医師は飛び回って対処や治療をしている。その真剣な姿を見て、自分が思っていたような医療機関の怠慢などとんでもないと思った。正直な話、医療機関が受け入れを安易に断っていることがいけないと現場も見ないで決めつけていたのだ。

なぜ医療機関は受け入れを断るのか。いや、断っているのではない、受け入れができないのだということがよくわかった。救命救急センターにおいても、可能な限り受け入れようとがんばっている。

1件の急患を受け入れ、その処置をしている間に、また2件目の要請が入る。そこで同時並行で救命医療を行っているときに、3件目の電話が鳴る。その間、わずか20分。
救命救急センターのような三次救急医療機関は、二次救急体制では対応できない重症患者や頭部損傷、心筋梗塞、脳卒中などの複数の診療科領域にわたる重篤な救急患者を受け入れることもあるため体制は県内でも最も充実しているが、それでも20分で3人もの患者さんの対応をすることはかなり厳しい。それを当直の医師や看護師が必死で受け入れを行っていたのであった。

とにかく医療機関さえもっと受け入れてくれれば救急医療の問題の多くは解決すると考えていた自分の浅はかさが恥ずかしかった。

「他の病院はどうなってるんだ……」

懸命に治療をしながら、医師がボソッと呟いたひと言が重かった。この医師はこの夜勤の前の日中も人手が足りずに働いていた。救急医療に当たる医師としては、さすがに自分たちだけがなぜここまで、という思いになるのはもっともなことだろう。

密着している私も、その気持ちは痛いほどわかった。なぜ自分たちだけが大変な思いをしなければいけないのか。ほかの病院は何をやっているのだろう。ひょっとしてがんばっているのは自分たちだけで、他の病院は楽をするために断っているのではないかと疑心暗鬼が生じてきてもおかしくない。周囲の状況が見えない中で、次々と患者さんが運び込まれている。それでも、ひたすら治療にあたる現場はまさに戦場だ。

ある40代の女性患者さんが運ばれてきたときは、腹痛を訴えパニック状態に陥っていた。それでも医師や看護師は患者さんを落ち着かせるように励まし、冷静に処置を行っていた。

処置が終わって集中治療室に移って経過を見ているときに、私は阪本教授にたずねた。

「先ほどの女性患者さんは、どんな病気だったんですか?」

すると、いつもは穏やかな教授の顔つきが変わって、真剣な顔つきで私にこう言ったのであった。

「いや、円城寺さん。僕らは神様じゃないので、それはわからないです。今、初めて会って、昨日は何をしていたのか、これまでどんな生活をしているのかわからなくて、お腹が痛いという主訴だけで何の疾患かなんてわからない。僕たち医者は神様じゃないんですよ」

これは、無責任な言い訳ではなく、救命救急のプロフェッショナルとして最適な処置を行ったが、それでも搬送されてくる患者さんの全容がわからない中で、自分たちも手探りでやるしかないのだという誠実な言葉だった。

むしろ、プロフェッショナルだからこそ無責任に疾患を決めつけるようなことはしない。私は、ここでも目を覚まさせてもらったような思いがした。それまでは、とにかくプロの医師なのだから患者さんを診れば神様とまでは言わなくとも、原因も処置もすべてわかっているものだと思っていたからだ。それこそ素人の思い込みだった。

これは後に救急搬送の変革を行ったときに集まったデータでわかったことだが、そもそも日本の医療そのものの前提条件が変化してきている。以前は、搬送患者も外傷などの見てわかるものが大半だった。

しかし現在は急速な高齢化に比例して、内科的な疾患、病気による急性期の症状で運ばれてくるケースが大半になっている。そうした患者さんに対して、運ばれてきた瞬間にすべてを把握して処置に当たることなど不可能に等しい。

それにも関わらず、環境変化に救急医療の仕組みや体制が追いついていないのに、その責任をすべて救急隊や医師に押し付け、個人的ながんばりに任せてしのいでいるのは明らかにおかしい。彼らも、みな人間なのだ。

「私たちは神様じゃないんですよ」

その一言で、私はハッと気づかされた。

搬送情報の共有と見える化

救急医療の仕組みや体制を変革し、現場の救急隊員や医師たちの負担を減らす。さらには地域の救急医療の課題を行政の垣根を超えてデータとして共有できるようにし、そこから新たな政策を考え、救える命の数を増やしていく。

救急医療を変革していくイメージは、ぼんやりとではあるが浮かんできた。だが、ドラッカーが指摘するように、そこにあるすべての問題を一気に解決することは到底できない。

そこで、まずは入り口である救急搬送情報を見える化させることだけでも何とかしようと考えた。

ただ、これは自分としては歯がゆさも感じていた。なぜなら、救急搬送情報を見える化する仕組みだけをつくっても、それが問題解決のゴールにはならないことをわかっていながら、それでもやらなければという自己矛盾を感じていたからだ。

案の定、ＩＣＴを使って病院の情報が見えるようにしますという話を救急医療の現場に持っていくと「そういうことじゃないだろう」と言われた。

このときは辛かった。批判や否定されることはわかっていたが、それでもまず第一のステップを踏まなければ、永遠に課題のゴールには到達しない。救急医療を変革するにしても、まず最初に患者さんと接する救急隊員が手ぶらでは戦えない。そこに、小さな一歩ではあるかもしれないが、武器を渡したかった。

今の時代に、1分1秒を大切にするのはどんな仕事でも同じだ。たとえば、ビジネスパーソンが急な出張で宿泊先を探すときに、ひたすら当てずっぽうに電話をかけまくったり、現地に着いてからのんびり探すというわけにはいかないだろう。

インターネットの宿泊サイトなどで、自分の条件で絞り込みを行って、空いているホテルなどを探して予約をするのは当たり前になっている。それと同じことを救急搬送でもできないかというのが発想の根本にあったことだった。

最初に考えたのが、小型ノートパソコンを配備すること。特に端末で大きなデータを加工したりするような使い方をしないのなら大丈夫だと思った。その話を、佐賀広域消防局の高祖さんに持っていくと、「ふざけるな」とこっぴどく叱られたのである。

「あんた、そがんことをすったために、救急車に乗せたわけじゃなかばい」

高祖さんが仰るには、狭くて揺れる救急車の中で、キーボード操作を隊員にさせられると思うのか？　君は現場をその目で見たはずだろう、というわけである。

さらに良くなかったのは、実は2000年前後のいわゆるITバブルの時代に、彼らは一度、ひどい目に遭っていた経緯があった。当時の低スペックのパソコンを使い、今のように高速無線環境もない環境で無理やり救急車にノートパソコンを配備させられ、余計な仕事が増えただけでほとんど使い物にもならなかった悪夢がよみがえるような話だったのだ。

行き詰まりを打破したタブレット型端末

ノートパソコンを否定された私は、その頃、急速に普及し始めていたスマートフォンに目を付けた。これなら場所を取ることもないし、キーボードも使わない。ところが、ノートパソコン以上に否定され呆れられてしまった。

救急車や現場で隊員がスマートフォンをいじっていたら、それこそ遊んでいるようにしか見られないというのが反対の理由だった。今でこそほとんどの人の携帯電話はスマートフォンになっているが当時はまだスマートフォンはＩＴが好きな人やゲーム・音楽を楽しむ人が使うという印象が強かった。

だから言われてみれば、たしかにそのとおりだ。それにスマートフォンの画面は小さく、救急隊員の鍛えられた太い指ではすばやく操作するのは難しい。さっそく行き詰まってしまった。ノートパソコンもダメ、スマートフォンもダメならどうすればいいのか。

この救急医療現場のＩＣＴ活用以外の仕事も山のようにあるので、いつものように深夜まで仕事をして帰宅した私は「自分はいったい何をやっているんだろう……」と、いつも以上に打ちひしがれながらテレビを観ていた。

テレビを観て楽しむような余裕はなかったが、それでもその日に起きた出来事ぐらいは知っておかないといけないと思い、録画していたその日のニュースを観ていたのである。

すると、画面には「銀座にすごい行列」いう文字が映っていた。何が起こったのだろうとぼんやり観ていると、どうやらｉＰａｄがいよいよ日本でも発売されることになり、そのための行列ができているということらしかった。

まるでお祭り騒ぎの様子に、こちらは大変なのにおめでたい人たちだなと半分やっかみながら眺めていたのだが、ちょっと待てよ、と思った。このｉＰａｄなら画面もスマホほど小さくはなくパソコンほど大きくない。それに救急車の中で遊び道具として使うには大きすぎるし、業務用の端末のようにも見える。遊んでいるとは誰も思わないだろう。

これは、使えるんじゃないか。私は次第に画面にひきつけられた。そのときに、ニュースと一緒に紹介されていたのが、後にＩＴを活用して医療変革に取り組む「Ｔｅａｍ医療３・０」のメンバーで同志となる神戸大学大学院の杉本真樹医師だった。

そのときは知らなかったのだが、杉本医師はＩＴによる医療画像活用の分野における第一人者として知られる人で、手術室にアメリカで先行発売されていたｉｐａｄを持ち込み、ＣＴ（コンピューター断層撮影）の画像などを、術中にその場で手を止めずに確認するというような使い方をしていることが紹介されていた。

医療現場で使える端末なら救急車でも使えるはず。そう考えて、早速また佐賀広域消防局に話をしに行くと、今度は若手の救急隊員を中心に、これまでになく良い反応が返ってきた。話題の最先端端末であるiPadならちょっと触ってみたいと彼らも考えていたようだし、サイズもちょうどよかった。

灰色の季節

iPadを使えば、救急搬送情報を見える化できそうだ。現場にも抵抗なく受け入れられるかもしれない。そう感じたときに、いずれ通信インフラも整い、情報システムとも連携できれば、次のステップで本来の目的である地域の救急医療を良くするためのデータが共有できる日が来ると思った。

そのためにも、礎としてiPadの救急車への配備は絶対に実現させなければいけない。現場で救急隊が搬送先が決まらずに困っている顔をなくし、受け入れに悩む医療機関同士の疑心暗鬼も解消しなければと強く決意した。

このとき、私は一人で救急搬送の変革に乗り出していた。現場から実現してほしいと望まれたことでもなく、知事公約や総合計画といった県の政策として下りてきたものでもない。客観的に見れば、一職員が勝手にやっていることに過ぎなかった。

自分ではやると決めたものの、なかなか毎日が辛かった。医務課での仕事も相変わらず山積している。その中で新たな仕事を自分でつくってしまったわけである。しかも私に未来を見通す能力はないから、本当にそれが現場で役に立つものなのかどうかもわからない。

日中は、iPad配備実現のためのさまざまな折衝や準備に奔走し、ほとんど自分の席にはいない。その分、夜は深夜まで庁内でデスクワークをしている。日中にデスクにいないことを陰で批判されることも多くなった。肝心の庁内の仕事を放り出して、目立つパフォーマンスばかりし、他の職員に業務を押し付けているとも言われた。もともと忙しくて人心が荒んでいる職場だ。そういう職場では内部の人間関係にも余裕がなくなり、対立が起こることも少なくない。

深夜2時、3時。明かりの消えた庁舎に一人ぽつんと残って仕事をしていると、時おり虚無感に苛まれた。

こんなことをしていて何になるんだろうか――。

まだ何の成果も出ておらず、庁内での批判と厳しい目にさらされ、悶々とした日々が約1年も続いた。


人間は自分の心が晴れないと、実際に目にする季節まで曇って見える。2010年の夏から秋は、私にとっては文字どおり灰色の季節だった。

現場に出ていくことが好きで、いろいろな挑戦をするが、中身はいたって普通の人間だ。感情のない機械でも何でもない。周囲の人間が、波が引くように離れていき、不本意なレッテルを貼られて気にならない訳がない。悲しい気持ちにならない訳がない。

医務課に異動になるまでは、何も変革の下地がないところでこそ自分の真価が問われると考えていたが、実際には精神的にも追いつめられていた。私は深夜にもう県庁をやめようと思い辞表の下書きを書いたりもしていた。内部でも外部でも誰も味方もいないし、理解してもらえずに批判ばかりされる。もう限界だった。

死ぬ気になれば何でもできる

ここでまた佐賀のことについて少し話をさせていただきたい。皆さんは「葉隠」（はがくれ）という言葉を聞いたことがあるだろうか？ 葉隠を知らなくても漫画やドラマでよく引用される「武士道とは死ぬこととみつけたり」というセリフであれば聞いたことがあるのではないだろうか。実はこれが佐賀発祥の「葉隠」なのだ。武士道の精神的支柱となった「武士道とは死ぬこととみつけたり」という、武士の精神を象徴する有名な言葉も、佐賀藩に伝わる『葉隠聞書《はがくれききがき》』に書かれたものである。

「葉隠」や「武士道」という古い印象を持つ言葉からは、新しいことをやるのだという志がつかみにくいが、その真意は「死ぬ覚悟を決めて仕事に当たればいかなる困難も突き抜けることができる」というところにある。

同じようなことをアップル社の創業者スティーブ・ジョブズがスタンフォード大学の卒業式で行った伝説のスピーチで言っていることをご存じだろうか。

《「死ぬ」と覚悟することは、人生で大きな決断をする時に最も重要なものとなります。なぜなら、ほとんどすべてのものは、周囲からの期待、プライド、失敗や恥をかくことへの恐怖などで、そういったものは死に直面すると消え去るからです。人はいつか死ぬのだと思い出せば、「何かを失うこと」という心配をせずに済むのです。あなたは初めから裸なのです。自分の心に素直に従わない理由はないのです》というスピーチだ。

この言葉を知ったのは救急車への前代未聞の同乗を申し出た後であったが、死ぬ気になれば何でもできるという言葉に勇気をもらった。もともとアップル社の存在はｉＰａｄを使うという発想のあとで知ったのだが、アップル社がつくったＣＭ「Ｔｈｉｎｋ ｄｉｆｆｅｒｅｎｔ」という動画を何度も見て自分を励ました。

クレイジーな人たちがいる
反逆者、厄介者と呼ばれる人たち

彼らは規則を嫌う　彼らは現状を肯定しない
彼らの言葉に心打たれる人がいる
反対する人も　称賛する人も　けなす人もいる
しかし　彼らを無視することは誰にもできない
彼らはクレージーと言われるが　私たちは天才だと思う

——そんなことを言っていた。

気持ちが切り替われば世界はまた色を取り戻す。

そして、あの日、自分の目で見てしまった光景、救急隊員が必死に搬送先を探す姿、そして歯を食いしばって救急患者の処置を続ける医師の顔を思い出した。

そうだ、私はあの光景を変えたくて、この取組みをやり始めたんだ。誰にやれと言われたわけでもない、頼まれたわけでもない、やると決めたのは自分自身なんだ。ここでやめてしまえば私はラクになるかもしれない。でも彼らの苦労は変わらない。現場で見てしまったあの救急隊員と医師の真剣な姿と顔が脳裏に焼きついてしまった。

そうだ、やるしかない。プリントアウトした辞表を破り、そのデータを消去した。

深夜の大ゲンカ

救急搬送の現場ではｉＰａｄ配備を新たな可能性として捉えてもらえたが、医療機関では相変わらず否定的な空気が濃いままだった。救急医療を変えるには小手先の端末配備よりも、ドクターヘリの導入のような、抜本的な変革をしなければ駄目だという考えが強かった。

実は、それ以前にも佐賀県として導入が正式に議論されたことはあったが、結局予算や運用コスト、人員面などの問題などもあり、隣県の福岡、長崎と提携して必要時だけヘリを使わせてもらうことに落ち着いていた。

しかし、地元佐賀の医師からすれば、それは歯がゆい問題だった。

特にドクターヘリの効果を実感してきた阪本教授にすれば、なおさらである。ドクターヘリ事業で多くの命を救えることはもちろん、それによって若手医師が救命救急に集まったり、医師の技術レベル向上にも寄与するなど、さまざまなプラス効果を生むことを身をもって知っていただけに、なおさら県の姿勢は受け入れ難いものだった。

iPad配備に使うお金と時間があれば、ドクターヘリを実現させるために使ってもらいたいというのが阪本教授ら医療機関の意見だった。しかしiPadであれば救急医療情報システムの更新に工夫して何とか実現できるかもしれないが、ドクターヘリは県の政策を180度変えなければならない。それはとても難しいことだった。

8月のある日のこと。その日も猛暑の中、佐賀大学医学部附属病院救命救急センターに足を運び、事務的な業務を行いつつ阪本教授にもiPadを活用した救急搬送についての話をしていた。

夜も遅くなり、中央診療施設の建物を出て駐車場に向かいながらも、私と阪本教授は救急医療の改革について議論が続いていた。お互いさまざまな課題を抱えていたこともあったのだろう。阪本教授が切り捨てるように「iPadなんかしなくていいですよ」と言ったことに対し、そのまま受け流すことができず、つい激高して返してしまった。

「いつも文句ばかり、県が悪いと言って、それでは何も変わらないでしょうが！　iPadでも何でもまずやってみて、何か変わるか変わらないか見つけることが大事じゃないんですか！」

県の職員が医師に対して感情的にものを言うなど、絶対にしてはいけないことである。特に医務課では、最大のタブーのようなことだった。そもそも、大学病院の教授と下っ端の県職員が一対一でやりとりを行ったり議論すること自体が、医務課の常識、いや公務員の常識ではあり得ないことである。同じ医務課の職員は、仮に大学教授と連絡を取るにしても、間に人を介して相当気を使いながら行っていた。そこに、他から入ってきた私がダイレクトに教授とのやりとりを行っていることも、陰口を叩かれる原因になっていたくらいである。

それでも、私にとって、そうした関係性はどうでもよかった。ある意味、立場は違えど、それぞれ自分の仕事に妥協することが許せなかった点は同じだったのかもしれない。私が言ったことに対し、阪本教授も負けじと言い返す。人気《ひとけ》のない夜の駐車場でいい大人が二人でずっと言い合いを続けたのである。

激論は2時間ほど続いただろうか。それにしてもすごいのは阪本教授である。どう考えても年下の、しかも立場的にも下の人間から詰め寄られて、普通であればそのままバッサリ「何だ、お前は。失礼な！　帰れ！」と打ち切ってもいいし、多くの人はそうするはずだ。あるいは「誰に向かってものを言ってるんだ！」と立場の違いを強調してもおかしくはない。それをせずに、救急医療に携わる一人の人間、阪本雄一郎として私と対峙してくれたのだ。

さすがに2時間も言い合いをするとお互い疲れ切ってしまい、どちらからともなく「もう、いい。帰ろう」という空気になった。何しろ二人ともほとんど寝ていないような毎日を送っていたのだ。

残念ながら、最後に握手をして別れるというような感動的なシーンにはならなかったのだが、明らかにこのとき星空の下で激論を交わしたことで、やっと互いに同じレールに乗ったような感じがあった。

今思えば、この時が潮目が変わった瞬間だった。

命令ではなく共感で動く

県内すべての救急車にiＰａｄを配備して救急搬送情報を見える化する変革は、阪本教授という味方を得たことで現実味を増した。

私一人がどれだけがんばって走り回り、話をしても、所詮は救急医療の素人の言うことであり説得力に欠ける。しかし、救急医療のプロである阪本教授が真剣に乗り出しているとなれば話は違ってくる。

あの激論以来、私と阪本教授は、さらに遠慮せず互いに困っていることを話すようになり、一つひとつの課題についてどう乗り越えるかを検討し行動するようになった。関係各所に出向くときも、阪本教授から事前に声をかけてもらえることで、現場の反応がまるで良くなった。

消防の人たちも、全員が高祖さんのような理解者だったわけではない。やはり新たな取り組みに難色を示す人もいた。それでも、阪本教授から「話を聞いてもらって意見をもらえないですか?」と頼まれれば無下には断れない。

救急の人間なら阪本教授がいかに常日頃から献身的に救急現場で働いているかを知っているからだ。

私自身も救急の現場を何度も回っているとあることに気がつくようになった。それは役職や立場とは関係なく、地区ごとにキーマンとなるような人物がいる、ということだった。つまり、「お前のような県庁の若造の言うことは信用ならん。でもいつもお世話になっているあのオヤジさんから一度くらい協力してやれと言われたらやらないわけにはいかないな」といった、現場で信用されている人物だ。私の時間も無限ではないしマンパワーは限られている。そういう現場のキーマンを探してはその人物に思いを伝えて仲間になってもらった。

ここで私が学んだのは、人はなぜ動くかということだ。

お金や名誉という利益で人は動くだろう。そして多くの日本企業がその手法で失敗している。恐怖や脅しでも人は動く。クビにするぞと脅せば動かないわけにはいかない。

しかし、それらはいずれも外部からの要因で動いているに過ぎない。状況が変わってしまえばたちまち動かなくなってしまうだろう。まして、困難と一緒に向き合い、共に乗り越えようということにはならない。

そうではなく人が本当に動くときは〝共感〟が働いたときだ。

この人と一緒に何かやり遂げてみたい。この人と変革を共にすれば、面白い未来が待っている、という共感があってこそ、人は最大のパフォーマンスを発揮する。

私の武器は、その〝共感〟しかなかった。

そもそも私には何の権限もない。お金も名誉も与えることはできないし、クビにするぞと脅すこともできない。どのみち共感で人々を巻き込むしか方法はなかった。

先に述べたように、ｉＰａｄを救急車に配備して救急搬送情報を見える化するだけでは魔法のようにすべての問題が解決するわけではない。でも、まずこれをやらなければ何も変わらない。

その想いに共感してくれる人がいるのといないのとでは、まるでモチベーションが違ってくる。しかし、阪本教授という大きな味方を得ても、一人になったときにはふと不安に苛まれた。

自分が巻き込もうとしている人たちのことを考えると絶対に失敗はできないし、もしも現場の負担になるだけならすぐに廃止しなければいけない。ムダなお金を使って現場を混乱させてしまった責任をとって県庁を辞めなければならないかもしれない。ひとりのときとは違う意味で、深夜の県庁のデスクで悶々とする日々が続いた。

そんなときは一度課題から離れてみることも必要なのかもしれない。行き詰まったときは一度離れてみる。私の場合はドラマや著名な方の講演会などを聴きに行った。

ドラマ『官僚たちの夏』を観て、政治権力の思惑にも揺るがない信念で自分の理想の政策を貫こうとした主人公、通産官僚の風越信吾の姿に励まされたりもした。医療を取り巻くさまざまな問題を描いた漫画『医龍』の主人公、朝田龍太郎に自分を重ね合わせたりもした。

笑われるかもしれないが、自分の理想と現実の世界の間にそびえ立つ大きな壁の狭間で日々すり潰されそうになっている自分を奮い立たせるには、深夜、こうしたものを観てモチベーションを上げるしかなかった。毎日寝不足で職場へ出勤するときは昔の熱血アニメの主題歌でテンションを上げた。また、苦労している人の講演や著書を読んで本当に励まされた。本書を執筆したのも自分が誰かに助けてもらったから、今度はひょっとしたら誰かの役に立てるかもしれないと思ったことも大きな理由だ。

それにもまして、やはり大きかったのは阪本教授の存在だった。実は、阪本教授自身も若くして教授に就任したために、周囲からやっかみや反感を持たれたことがあったのだという。特に大学病院には「教授選」という、漫画『医龍』でも見た覚えのあるドロドロした世界があるわけだ。阪本教授も悩み落ち込んだ時に、誰かから教えてもらった言葉だと前置きして、私に教えてくれた言葉があった。

「組織の中と外に一人ずつでいいから、自分のことをわかってくれる仲間がいれば、大概のことは耐えられる。僕はこの言葉を支えにがんばりました」

「円城寺さんの組織の中や周囲に誰がいるか僕は知らないです。けれど、少なくとも外では、僕は仲間というか、円城寺さんのことを応援してますから、がんばりましょう」

阪本教授はそう言ってにっこり笑ってくれたのである。心の底からうれしく、勇気が湧いた。

無関係のものからヒントを得る

当たり前のことだが、ｉＰａｄは、それ単体では単なる持ち運び可能なタブレット端末に過ぎない。ＩＣＴを使って救急搬送情報を見える化するには、そのバックグラウンドで動くシステムを構築し、使いやすいインターフェース（操作画面）をデザインし、実際に現場で触ってもらいながら改良していくことが必要になる。

言うならば、システム開発の領域である。しかし、私はエンジニアではなく、これまでの仕事でもそうした仕事に関わった経験は皆無だった。そもそも、その当時は自宅にパソコンも持っていないほど、ＩＣＴは苦手で完全にアナログ人間だった。

これが、県の政策として下りてきたものなら、最初からそういったものに詳しい職員が入るところだが、いかんせん私が勝手にやっているようなもの。そのため、あらゆることを自分で勉強して準備していかなくてはならなかった。

自分自身も成長しなければ社会の課題は解決できない。

その点、県庁で異動のたびに真剣に自分の業務に向き合っていると、自然と新しいことを学ぶ力は身についていきた。異動のたびに泣きながら新しい法律や規則を勉強してきたことはムダではなかった。

そして自分で自分を追い込んでいくと、いろいろなものを目にしても見え方がまったく違ってくる。どうすれば現場の救急隊員の方が使いやすいと感じるものができるのか。それればかり日々考えていると、目にするものすべてが何かのヒントになった。

一刻を争う搬送現場で、受け入れ可能な病院を検索するのに手間取ったり、入力を間違ったときに「最初からやり直してください」というエラー表示が出るようなシステムでは誰も使わなくなってしまう。

一見、医療とは何の関係もないが、大勢の人が集まる施設で、たくさんの人を混乱させたり集中させることなくオペレーションできているような場所には、何か練り上げられたユーザーインターフェース（利用者が使いやすいデザインや仕組み）があるのではないかということも考えた。

そして高速道路のサービスエリアや空港、駅などに立ち寄った際にも、じっと立ち止まって人の動きを観察することが習慣になった。人は何から情報を得てどういう行動をとるのだろうか。特に東京は人がたくさんいて大量の情報を処理しているので参考になるはずだ。東京出張の帰りに、品川駅の駅ナカ施設で人が何を見て情報を得て、どんな行動をしているのかという動線をずっと観察していたときには、不審者と間違えられて警備員室に連れていかれたこともあった。

さすがに焦ったが、ここで「救急搬送システムの参考に……」と言っても、余計に怪しさが増すだけである。咄嗟に「いや、県の特産品マーケティングの参考にどんな商品が売れているのかをリサーチしてまして」と言って身分証を見せ、「ああ、そうなんですね」と納得してもらったが、危うく違う意味で新聞に載るところだった。

最終的にできあがったインターフェースでは、ＷＥＢアプリをワンタッチで起動し、地区と症状、外科・内科などの診療科目を選ぶと、それだけで受け入れ可能な候補の病院が当日の搬送実績件数と共にリストアップされるようにした。

あくまで救急隊員の従来のやり方を変更したり負担をかけたりしない。これなら手当たり次第に何件も電話を掛けて受け入れをお願いしなくても済むかもしれない。さらに救急隊員がビニール手袋を取ってから操作する手間を省くため、手袋のまま使えるように工夫し、タブレット操作用のスタイラスペン（タッチペン）も用意した。

また、ｉＰａｄ用の端末カバーも救急隊のエマージェンシーカラーに合わせたオレンジ色の市販品を探して購入し、首からも掛けられるようにして携行しやすく、操作していても遊んでいるようには見えない工夫を、現場の救急隊員のもとに何度も通ってひとつずつ形にしていった。

葉っぱビジネスでひらめく

救急搬送情報を見える化した、新しい救急医療情報システムを無用の長物に終わらせず、本当に実のあるものにするには、何が鍵になるのか。模索を続け悩んでいたときに、たまたま読んだ本が、四国・徳島県上勝《かみかつ》町の「葉っぱビジネス」の本だった。

葉っぱビジネスとは、和食を彩るために欠かせない〝つまもの〟と呼ばれる季節の葉や花、山菜などを扱うもの。過疎化や農業の衰退に悩んでいた上勝町で、女性や高齢者でも取り組める軽量の「葉っぱ」を価値ある商品として市場に出荷し、今では年商2億6000万円のビジネスにまで育て上げた話だ。

実は、この情報そのものは3年前に人材マネジメント部会のゲストとして招かれた代表の横石知二《ともじ》さんから直接伺ったことがあった。すごいなぁとは思ったが、当時は自分の業務とあまりにもかけ離れていたため、結びついていなかった。

ところが、そこには、救急搬送情報の見える化を実現させ運用していくための大きなヒントが秘められていた。

当時、私の頭を悩ませていたことは、救急搬送情報を可視化することは必ずしもすべて良いことばかりではないということだった。可視化するということは、見たくない見せたくない情報も共有されてしまう。悪い情報を共有されれば人はどうしてもやる気が失せてしまう。あるいはそこで責任追及が始まってしまい、さまざまな軋轢を生じさせる原因にもなるということだ。ただでさえ、それまで消防・救急側と医療機関、あるいは医療機関同士でお互いに疑心暗鬼が生じていたような状況である。そこに、どの医療機関がいつ何件の受け入れをしているという情報がリアルタイムに見える化されることで、さらに軋轢が生じては意味がない。

何かいい方法はないかと毎日悩んでいるときに、改めて「葉っぱビジネス」の本を読み返してピンと来た。

葉っぱビジネス成功の鍵は、横石さんの情熱と行動力にくわえて、パソコンやタブレット端末を活用した情報ネットワークもそのひとつだった。それまで誰も見向きもしなかった、山間部の農村のどこにでもある「葉っぱ」をお金に変えたのは、現場のおばあちゃんたちまでも巻き込んで情報を上手に活用できるようにしたからだ。

おばあちゃんたちは、毎日決まった数量を機械的に出荷するのではない。各自に手渡されたタブレット端末で「上勝情報ネットワーク」から入る全国の市場情報を分析し、「今日は、この葉っぱをここの市場に出荷したら高く売れる」ということを自分で見極めて市場に出す。

さらには、おばあちゃん同士で誰がどんな葉っぱをどれだけ売ったかという情報をオープンにしているそうだ。すると、例えば隣のウメばあちゃんは今日はこれだけ売っている、それなら自分も負けていられない、ちょっと腰が痛いけど病院に行っている暇はない。これだけはやろうというように、いい意味での競争が起こるというのだ。

この仕組みで大事なことは、例えばがんばっていない人を晒し者にしたり蹴落とすのではなく、がんばっている人、つまり売り上げ上位の人たちが自然にデータ上に顔を出すようにしてあることだ。つまりは、「がんばっている人を褒めたり、カッコいいと思える」見せ方をしているのだ。そうすることで、自分たちでライバル意識を持ってプラスの方向にモチベーションが上げることができる。競争するなら誰かを蹴落とすのではなく楽しくカッコよくやりたい。人は楽しいと思うときに最大のパフォーマンスを発揮するのだから。

まさに、救急搬送情報の見える化で実現したいのは、そういうことだった。救急受け入れ件数の多い順にデータを並べることで、その日にがんばって受け入れている医療機関をみんなに見えるようにしよう。そして搬送が短時間に集中していることがわかれば、救急隊もまずはほかの医療機関に依頼をしやすくなる。

また、医療機関側も、A病院が大変そうだからこちらで受け入れようというように、互いの連携がシステム上でできるようになり、従来のような「自分たちばかりが大変で他は楽をしている」という疑心暗鬼をなくすこともできるわけである。

そのことをヒントにさらに救急現場に合うように工夫したことは、WEBアプリで見る端末側のデータは24時間で更新される点だ。もちろんサーバでデータは蓄積されているが、端末側で累積を出すとどうしても病院間で差が残ってしまう。もちろん累積データは分析に必要なので記録する必要があるが、大差がついてしまうとそもそもやる気がなくなる。そうではなく、24時間ごとに表示記録がリセットされることで1日がんばれば自分たちも上位に出ることができるということが救急搬送受け入れのモチベーションにつながるのではないかと思った。さらに、あまり変な理由で受け入れを断っていると、それらもすべてデータが共有されるため、自ずと「恥ずかしいことはできない」という意識も醸成されやすくなる。

この救急搬送情報の見える化のデータは県庁だけでなく、市町村の関係課や、医師会、救急医療に参加するすべての医療機関、そしてすべての救急隊も、みんながリアルタイムに見ることができるようにした。これまで、あれほど必死で文字どおり寝食を削ってまで救命救急医療にあたっても、一部の人間以外、その実態やがんばりを知ることができなかったものが、みんなの目に触れることになったわけだ。

「隠して先送り」から「公開して解決」へ。

どのような仕事でもそうだが、やっていることが陽の目を見るのと、誰からも知られず、評価もされないのではモチベーションが大きく違う。こうした仕組みは、私が自分の頭だけで捻り出したものでもなんでもなく、何もわからず困って悩んだ末に、さまざまなものからヒントをもらって生み出すことができたものだ。

そういった意味で、誰でも本気で取り組み本気でヒントを探し求めれば、必ずどこかに状況を突破する鍵は見つかるのだ。本気になれば何だってできるのはそういう理由があるからなのかもしれない。

困ったときは足元を見直してみる

初めての試みをするのはいいとして、新しいことを行おう、新しいものを作ろうというときには、必ず予算の問題にぶつかる。お金がなければ形にできない。

これは行政も民間企業も同じだ。そもそも、新しいということは、それまでに行われていないということだから実績もなく、予算も確保されていない。まして私には予算をつける権限もなかった。私の権限では1本の鉛筆も買うことはできない。

普通に考えれば、そんな一担当者が数千万円の費用がかかりそうなシステムを新たに作ることなど不可能だ。iPadの配備にも当然お金がかかる。、そこで大切なことはまずは自分の足元をしっかりと見直してみるということである。

医務課の政策、施策を精査してみると、毎年同じような金額が計上されている予算が結構ある。それらの中には、本当に必要とされ機能しているものもあるが、実は、必要であろうという思い込みで計上され、実態はあまり活用されていないものも少なくない。

私が実現しようとしていた救急搬送情報の見える化も、それに類似したシステムが既に構築はされていたが、システムが現場にとって扱いづらく複雑だったため、ほとんど使われていなかった。使われていないにも関わらずシステムの維持費用にかなりの金額がかかっていたものがあった。金額にして年間約6700万円。こうした前例踏襲は公務員の世界では珍しいことではない。担当者が代わっても、あまりに忙しく中身の改善にも手が付けられずそのまま受け継がれていた。あるいは、前任者が作ったものを自分が担当者になったときに無くしてしまうのは、前任者の仕事を否定することにもなるためなかなかできない。

それならば、そのシステムに使われている予算をうまく活用すればいいのではないか。そう考えて、既存のシステムを再構築する中に、iPadを使った仕組みも組み込むことにした。ないものねだりをしても前には進まない。それなら足元を見直し、自分の手持ちのもので工夫するということである。これは子ども時代に学んだことだった。

既存のシステムは、医療機関側が空きベッド数などを入力したものをシステム上で見ることができるのだが、システムのインターフェースが複雑で、医療機関側も忙しい中で、そこに入力することもままならなかった。しかも、現場の救急隊員にはシステムにアクセスする術がない。そこでいちいち署に問い合わせて確認してもらうぐらいなら、直接、現場から医療機関に電話をしたほうが早いということで使われていなかったのである。

さらに苦手だったICT技術を猛勉強して、当時はまだ民間企業でも一部しか使っていなかったクラウドサービス（利用者が必要なときにネットワーク経由で使いたい機能やサービスを呼び出せるもの）を利用することでシステム運用経費を大幅に削減できることもわかった。結果、新しいシステムではなんと年間4000万円もの運用コストを削減することができた。

このように、従来は宝の持ち腐れになっていたものを使えるようにして、しかも運用コストも大幅に削減できるわけである。それなのに「駄目だ」ということにはならない。もしも、最初から「できない理由」ばかり考えていたなら、絶対に救急搬送情報の見える化は実現しなかっただろう。

最初に実現するのだと自分の中で決めてしまえば、後はもうひたすら、さまざまな方法を勉強しながらできる方法を考えてやってみる。それこそが大事なことなのではないだろうか。

第4章

地方から全国への変革

新しいシステムがもたらした成果と変化

救急車へｉＰａｄを本格配備すると共に、ＩＣＴを使った救急搬送情報の見える化の挑戦は２０１１年４月に佐賀で始まり、２０１５年で４年が経過した。その間、さまざまなメディアにも取り上げられ、全国の救命救急に携わる現場の人たちの視察も相次いだ。

実はこの取組みがスタートした２０１１年４月は東日本大震災への対応がまだまだ大変な時期でもあり、スタート時に取り上げてくれたメディアは「日刊工業新聞」一社だけだった。本当にひっそりと誰にも知られることなくこの世にデビューした。華やかなセレモニーもなく、関係者以外は誰も知らない。システム本体とそのプログラムをしていただいた会社には申し訳ないが、それでいいのだと思う。世の中にはたくさんの取組みがあるが、その報道は成果や結果が出ているものではなく、単にスタートしたことが打ち上げ花火のように報道され、１年後にはすでになくなっているようなものもたくさんある。

大切なことは派手に取り上げられることではなく、まずは現場の役に立つ仕組みをしっかりと作ること。佐賀のこの仕組みも現場で運用を始めて何度となく修正や改良を加えて少しずつ使いやすいものになってきている。

しかし、システムの運用が始まってから、私は毎日が不安でたまらなかった。なぜなら、この仕組みを支えてくれているのは現場の救急隊員や医師なのだからだ。そして救急隊員はｉＰａｄを使うことが仕事ではない。ｉＰａｄでのデータ入力はあくまで活動のプラスαにすぎない。インターフェースを工夫し、現場の声も反映して細かな改良を続けてきたが、それでも搬送情報を入力することは手間であることには変わりがない。

システムが稼働し始めた当初は、本当に常に業務の傍らで画面をチェックしながら、いつ情報が止まってしまうか、データが空になるかと冷や冷やしていた。ところが、４年が経過した今も、きちんと最新の搬送情報が入力され、リアルタイムで機能しているのである。ＩＣＴ事業の中には、見かけは立派だが実際には想定したほど使われず、税金の無駄遣いという批判を浴びることが多分にある。そのようにならなかったのはなぜなのだろうか。それはやはり、上から一方的につくったものではなく、現場を駆け回って、文字どおり〝協働〟で作り上げたものだからだろう。

入力作業を究極にシンプルにするだけなら簡単だが、それで中身が伴わなければ本末転倒になる。

必要な情報はきちんと入れることができ、しかも救急隊員には負担にならないようにする。そうしたシステムをつくるために、前述したように、私自身がさまざまな施設を見て回って、人がスムーズに行動できるための機能やデザインを参考にしながら、実際の画面遷移を手書きして現場で意見を求めていった。

また、実際にシステムをプログラムするエンジニアを一緒に現場にも連れていった。さすがに救急車に同乗してもらうことはできなかったが、隊員の生の声を聞き、実際に使われるイメージを具体的につかんでもらって開発を進めるようにもした。

システムはうまく動き始めた。だからと言って、それだけで救急搬送の時間短縮ができるとは思っていなかった。なぜなら、現在の日本が抱える救急医療の根本に関わる課題はもっと根が深いところにあったからだ。

前述したように、救急車で搬送される患者の数そのものが、この10年で約1・5倍に増えている。それに対して救急車や救急医療機関の数は、あまり増えていない。飲食店にたとえれば、今回実現できたシステムはやってきたお客さんを最適なテーブルに早く案内するための仕組みであり、行列そのものの長さを減らしたり、テーブルの数自体を増やすことに直接的にはつながらない。お店の中の案内システムがどれだけ優秀でも抜本的な課題は残ったままなのである。システムだけでは、トータルの待ち時間短縮には限界があるのだ。

そうした現実もわかっていたため、当初は救急搬送の1か月分のデータを自分で集計して搬送時間を算出する勇気が起きなかった。

それでもある日、深夜に意を決して表計算ソフトを使ってデータを集計してみると、0・5分短縮していたのである。その瞬間「やった！」と一人で小さく拳を握った。

わずか0・5分の短縮である。しかし、それまで右肩上がりに伸びる一方の搬送時間をわずかでも短縮できたのは奇跡的なことだった。導入後の上半期では、さらに短縮効果が現れ、導入前の34・3分から33・3分に1分の短縮が実現できていた。

おそらく、その当時全国でも救急搬送の短縮に成功したのは佐賀県だけだったはずだ。

もちろん、この数字をもって「成功」というわけではない。搬送時間短縮は救急医療全体が抱えている問題からすれば、まだ入り口に過ぎないからだ。

それでも、これまで雲をつかむようだった救急データが可視化され、みんなで共有できるようになり、これからもっと変革していこうという機運が生まれたことは本当にうれしく大きな意味があることだったのである。余談だが、このシステムがスタートした2年後の地元佐賀新聞の4月2日の一面には、県庁や企業各社の新入社員入庁式ではなく「救急搬送時間短縮」という記事がデカデカと記載された。新聞に載ることが価値ではないが、ファンファーレひとつない寂しい船出からみんなのがんばりでここまで世間に評価されるようになったことは本当に嬉しい。メディアで取り上げられる、評価されることはモチベーションにつながる。さらに地方メディアで少しずつでも取り上げられれば全国に話題が広がり、多くの人に知ってもらえる機会が増え、変革を横展開することにつながる。

広がらなければ意味がない

全国で初めて救急車にｉＰａｄを配備して搬送情報の見える化を行い、佐賀県で搬送時間短縮にもつなげることができたが、それらは一つの「通過点」に過ぎなかった。救急医療、ひいては医療全般をめぐる課題は佐賀県だけのものではなく、日本全体に共通するものでもある。そうした問題に取り組むためには、私たちだけが「仕組みができて良かった」と喜んでいても仕方がない。

だからこそ、この取組みを佐賀県外の人にも知ってもらうために、可能な限り講演や取材も受けることにしてきた。本書を著すのも、そうした一環である。佐賀県のような一地方の取組みはメディアに取り上げられる機会は多くない。当然、講演や取材対応は医務課の本来業務ではないため、通常業務にプラスすることになってしまったが、知ってもらえなければ広がらない。そこは歯をくいしばって両立させるしかなかった。

取材を積極的に受ける理由はもうひとつある。それは自分たちの姿を客観的に見ることができるようになることだ。だから取材を受ける際は私が一人で受けるのではなく、できるだけ救急隊員や医師などの現場の方々にも業務に支障のない範囲で出ていただいている。なぜなら、自分たちのやっていることは、実際どのように見えているのかというのは自分の目だけではわからないからだ。さまざまなメディアを通して紹介されている姿を見て、あらためて自分たちのやっていることの意味を再確認することもできる。

さらには、他県の医療関係者、救急医療に携わる人たちも、私たちの取組みを目にすることで「自分たちでもできるのではないか」という動機になればという想いもある。


他地域へ広げるために、システムを複雑につくり過ぎないことを心がけてきた。極端に言えば、誰でも簡単に真似してつくれるようなものを目指したのだった。

講演や取材などで、たまに「このシステムの特許を取得したり、使用料を取ればいいのではないか」といった質問をいただく。使用料を取ることはまったく考えていなかったし、これからも考えることはない。むしろ、必要なノウハウがあればどんどん提供するので、いくらでも真似して参考にして使ってほしいと呼びかけている。作ったシステムの仕様書も全部差し上げるので参考にしてください、ということを呼びかけながら他県にも救急医療の変革を推進できる後押しを行ってきた。なぜ、せっかく自分たちが苦労を重ねてつくったものを、惜しげもなくオープンにするのか。その理由は２つある。

ひとつ目はまだ芽が出たばかりで完成にはほど遠い救急医療現場でのＩＣＴ活用分野をどんどん広げて、いいシステムや仕組みが出るような、そんな競争の場にしたかった。たとえ先駆者利益で独占できたとしてそれが社会にとっていいことになるだろうか。日本企業に多く見られることだが、限られたパイの奪い合いに力と時間を使うくらいなら、パイ自体を広げたほうがみんなにとっていい。そんな雰囲気を先駆者だからこそ作り出したかった。

２つ目は「物事は振り子のようなもの」だという教訓から。これは『日本で一番大切にしたい会社』と言われ、トヨタ自動車の豊田章男社長が勉強しに来るような「伊那食品工業株式会社」代表取締役会長の塚越寛さんとお会いした時に聞いた言葉だ。

歴史を見てもわかるとおり人間の歴史は「栄枯盛衰」「盛者必衰」で繁栄と衰退を繰り返しながら少しずつ前に進んできた。太陽はいつも頭上に明るく輝くばかりではない、陽はいつか落ちるものなのだ。逆に暗闇を嘆く必要もない。明けない夜はない。必ず太陽は誰の頭上にも明るく輝く。つまりは良いことばかりや新進の気運はずっと続かない。必ず停滞や倦怠の時期はやってくることを私は歴史から身に染みて学んだ。私たち佐賀だけで、どれだけ救急医療変革の炎を燃やしていても、ひとりだけでは何かあれば消えてしまうし必ず反動が来る。その時に備えてさまざまなところに変革の火種を移していかなければならないと考えた。もし佐賀県の変革の炎が消えかけても他県で燃え盛っていれば、そこからいつかまた火種を移してもらうこともできる。

こうした未来への希望と危機感を胸に、全国各地へ変革の火種を伝えていった。これは、広い意味では日本を良くすることであり県庁の仕事なのかもしれないが、狭い意味では佐賀県庁の仕事だとは言えない。ましてや担当者としての仕事も山ほどあるものを放置していくわけにはいかない。結局、土日や休暇をとって自費でいろいろな自治体を回った。深夜24時までは県庁の仕事をしても、そこから寝る時間を使えばできることはたくさんある。

そんなことをやっていたら、総務省が異例ながら一介の地方公務員である私を「ICT地域マネージャー」として委嘱してくれ、変革を全国に伝える支援をしていただけることになった。総務省が旅費などの実費を負担してくれて、県庁も職務免除扱いということで支援してくれることになり、動きやすくなった。

そして、２０１５年には全国10府県ですべての救急車にスマートフォンやタブレット端末が標準装備されるようになった。別に機種はｉＰａｄでなくてもいいし佐賀県とまったく同じシステムを使う必要はない。大切なことは救急車の中に情報インフラの基盤を整備して情報ネットワークを構築し、現場を見える化することなのだ。それぞれの地域で地理的条件や体制、現場が求めるものの違いなど、さまざまな諸条件が異なるのは当然である。だからこそ佐賀県のシステムをそのまま移植するのではなく、私たちのシステムを踏み台、叩き台にして、さらに一歩進化した独自のシステムを考えてもらえるような空気を作っていった。今度は、進んだ他県のシステムを佐賀が参考にさせてもらう。そうやってプラスのサイクルを回していく雰囲気を作ることが大切なのだ。

データで政策が変わる

私が実現させたかったのは、救急医療の現場でＩＣＴを活用することではなく、救急医療を取り巻く〝空気〟を変えることだ。

それまで、救急医療を変革したいという想いは関係者の多くが持っていたが、具体的に何をどのように変革すれば良くなるのかバラバラだった。その根拠、起点となるデータがないために「とにかく現場が大変である」というひと言で語られていた。それ以上は誰も具体的なことは口にできない空気が定着していた。それでは何も変えられない。

そうした現状を打破するために救急搬送情報の見える化を実現したわけだが、救急車に配備をしたｉＰａｄは受け入れ可能な病院検索のためにあるのではなく、むしろ本当の目的は救急搬送情報の入り口となって、そこから集まったデータを分析して共有できるようにすることに価値があった。

リアルタイムのデータの蓄積によって、佐賀の救急医療の課題は何かということに、データと数字という根拠を明確にすることで、関係者の共通認識が持てるようになったのだ。

そこから改めて浮き彫りになったのは、救急搬送された人の全体に占める高齢者の割合が圧倒的に多いということ。全国的にも救急搬送全体数における高齢者の割合は２０１３年の消防庁のデータで54％と半数を超えている。そのデータからは二つの意味が読み取れる。一つは、高齢者の増加は人口構造的な問題でもあり、システムで状況が良くなるものではないということ。

二つ目は、そうした高齢者の救急搬送の多くは事故や怪我ではなく「病気」によるものだったということだ。

従来、救急車を呼ぶような事態といえば、交通事故や労働災害などでの外傷が多かった。それが、病気などの疾患に移り変わっているのである。それにも関わらず、救急医療体制は外傷対応を前提としたものになっている。この後に、救急医療先進国視察として、ドイツ・イタリア・スイスの３か国に現地視察に行くことになるのだが、それら救急医療先進国でも外傷から疾病への変化にはまだ対応していなかったし、「外傷用の機器とスタッフがいれば疾病も対応できるから問題ないよ」と最前線の救急医師たちは危機感を持っているようには見えなかった。

日本はこれまで欧米から様々なことを学び、取り入れてきた。しかし今日にあっては、少子高齢化が進んだ「課題先進国」として、先鞭を切って世界の来たるべき救急医療を含めた様々な社会課題への変革を求められている。佐賀にいながら日本のことだけでなく、世界のことも視野に入れるようになった。

さらにデータからわかったことがある。

救急搬送に要する時間が年々伸びていると一口にいっても、全体の流れのどの部分でどれだけ時間が伸びているのかを分解して分析しなければ解決につなげられない。①消防署から現場に着くまでの時間、②現場での処置や搬送先医療機関を探すための時間、③現場を離脱してから病院までの搬送時間。救急搬送の流れを3つに区切ってみただけでも原因と対策はまったく異なる。例えば救急現場の可視化では②の短縮には効果があっても①と③の解決には直接的にはつながらない。③が原因であれば道路を整備したり救急車の台数を増やす必要や、救急車が特定エリアに入ると先の信号が自動的に救急車の進行方向が青に変わり、それ以外は赤に変わるような新しい交通システムが必要になるかもしれない。

改めて佐賀の救急搬送データを分析してみると面白いことがわかった。②と③は県全体での平均を出すとどちらも12分程度でほとんど変わらなかった。しかし地区別にしてみたところ、北部の唐津地区では②が県平均よりも短く③は県平均よりも長い。逆に中部の佐賀市地区では②が県平均よりも長く③は県平均よりも短いことがわかった。同じ佐賀県なのにまったく傾向が異なるのだ。

そのデータに基づいて佐賀県における救急医療機関の配置状況を見てみると、単に病院の数そのものは対人口で割り返すと大きな差はなかった。しかし今度は救急医療機関の住所地データを地図に落とし込んでみると、唐津地区では市の中心地に救急医療機関が集中しており、地域によっては救急医療機関がない空白地帯があった。その地域ではどれだけ救急隊員が努力しても、そもそも医療機関までの距離が離れているので搬送に時間がかかっていたのである。

医療機関の偏在は佐賀だけの課題ではない。日本中で同じような課題がある。それならば簡単な解決策としては空白地帯に新たな救急医療機関を設ければいいということになる。しかしアイデアだけは簡単に出せるが実際に医療機関をつくるには莫大な費用もかかるし、そもそも救急の医師は数が足りていないのだ。医療機関の数が簡単に増やせないならば、救急車の速度を上げるしかない。この地域に救急車専用の高速道路をつくってはどうだろうか。……そんな数百億レベルの巨大土木事業ができるなら苦労はしない。それではほかに方法はないのだろうか。

そこで改めて浮かび上がったのが、ドクターヘリ導入という解決策だった。

決定事項を覆したドクターヘリ

先にお話ししたように、佐賀県ではｉＰａｄを救急車に配備する２０１１年以前にも、県議会の場において何度かドクターヘリ導入の是非が議論されていた。しかしヘリの運用には年間約2億円ものコストがかかる。83万人という人口規模から考えても佐賀県単独ではコストに見合った運用効果が得られないのではないかという考えは県財政を預かる身であれば間違っているとは思わない。結局その時は、必要なときにだけ隣県の福岡、長崎のヘリに依頼する体制をつくるという結論になった。佐賀県では独自のドクターヘリは導入しない。行政官としての私はこの判断を理解できるが現場の救急医師たちはまた違った受け止め方をしたのかもしれない。ムダと批判されている事業をやめてしまえば年間2億円の費用はねん出できるだろうに、県は本気ではないのかと。

そうした県の姿勢が、前述した阪本教授ら救急医療現場と行政との溝にもなっていた。

私自身も医務課に異動になった当初、「なぜ佐賀県でもドクターヘリを導入しないのか」と庁内の会議で発言して「君は何も勉強していないのか！　担当業務の議会議事録くらい目を通しなさい！　その議論はもう終わっているんだ！」と幹部職員に大目玉をくらったことがあった。

それに役所では、過去の決定事項に異論を唱えたり、覆すような行為はもっともタブーとされている。それは百も承知だ。だが、それなら救急医療機関の空白地帯ではこれからも命のリスクを背負っていかなくてはならないのか、という話になる。

予算がない、過去に決定されたことだからという事実前提ではなく、救急医療の視点から本来どうするべきかを考えれば、ドクターヘリ導入は今後さらに増えるであろう患者の対応からも現実的な検討課題ではないか。

私は、明らかになったデータをもとに、またしても前例のないことを行うことになった。一度やらないと決めた施策を覆す試みだ。

たしかに、ドクターヘリは県として正式に導入しないことが決まっている。ただ、それはこうしたデータがない状態での議論だった。

データがないために運用効果が見えなかったのは事実だ。ならば、そのときの決定は正しい。しかし、今は新たなデータが見えてきたわけである。そのデータに基づいて検討するのなら過去の否定にはならない。過去の決定事項だからと「今」と「未来」に目をふさぐことはしたくなかった。

2012年に再びドクターヘリ導入のため「空気を変える」ことに駆け回り、2013年には実務面のさまざまな調整や準備を経て、県の諮問機関としてドクターヘリ導入検討委員会を設置し、運用方針や関係者との調整に昼夜を問わず奔走することになった。その合間をぬって県のグローバル人材育成事業の一環で「海外自主企画短期研修」という制度が始まったことから、ヘリ運用を含めた救急医療先進国であるドイツ・イタリア・スイスの3か国に渡り、自分の目で進んだ救急医療の姿を見ることができた。もっともドクターヘリ導入事業は、他の都道府県では知事の選挙公約だったり、総合計画の目玉になるような政策の位置づけをしているところも多い。それをまたボトムアップでやろうとするのだから専属プロジェクトチームなど設置してくれるわけもなく、また山積する通常業務をしつつ、その作業を行うのだ。先進国視察の話をしたときも「そんなことをしている場合か」と言われたが、やはり国内だけでなく海外の進んだ方法を見なければいい仕事はできないと考えた。

山のような通常業務を処理しながら海外出張の直前まで徹夜続きで、結局のところ航空機の予約だけは取ったのだが、ホテルを手配する余裕はまったくなく、夜になって明後日泊まるホテルの予約を冷や汗をかきながらインターネットで探すという、その日暮らしの自転車操業のような生活を送っていた。地図や細かい移動手段、そして何よりも私は英語が話せないので翻訳も「Ｇｏｏｇｌｅ翻訳」に頼っていた。まさに「インターネットがなければ即死」状態だ。

そんな思いをして先進国へ渡ったがたくさんの収穫があった。特に驚いたことはこの3か国ではドクターヘリの出動の際に、誰もあわてたり走ったりする人がいないことだった。日本では出動となればフライトドクターやフライトナースは全力疾走でヘリに飛び乗る。私も隣県の出動に同乗させていただいたのだが、長崎県のヘリポートは手前に結構な坂があり、日頃鍛えていない私は機体に飛び乗った後、目の前が真っ白になりフライトドクターに「す、すいません。僕が心肺停止しそうなんですけど」と訴えて苦笑された。

しかし、この3か国のドクターヘリスタッフたちは人の命がかかっている危機感がないんだろうか。念のため出動までの時間を測っていた私は数字を見て驚愕した。

「え？　ウソだろ、日本の出動の平均時間よりもはるかに速い……」

この3か国ではドクターヘリを運用して40年以上の歴史がある。日本はせいぜい10年ちょっと。つまり人ががんばらなくてもオペレーションが最適化される仕組みや体制をつくっていたわけだ。日本は既存の仕組みの中に後発で入れ込んだために最適化ができていない部分は、人が走ったり汗をかいてがんばるしかない。

この差が日本と救急医療先進国との差なのだと痛感した。当たり前ではないことを当たり前のように簡単に達成することがどれだけスゴイことかは、行政官として誰よりもよく理解している。佐賀でのドクターヘリ運用も少しでも欧州に近づけるため、現地で学んだことをひとつひとつ仕組みや運用方針に盛り込んでいった。

下手をすると救急車・iＰａｄよりも苦労をしたように思えるが、走り回った結果、導入のために本格的に動き始めてからわずか1年、２０１４年1月に正式導入となったのだが、実はドクターヘリの予算をどこから捻出するかということでも庁内で大変な調整があった。医療関係の事業はたくさんあって予算はこれ以上捻出できない。医療政策は命に直結するために安易に既存の事業を切ることも難しい。足元を何度も点検したがさすがに雀の涙ほどの財源しか見つからない。国からドクターヘリ運航にかかる補助金はもらえるのだがそれでも全額というわけにはいかない。どこかお金を持っている部署はないんだろうか。

——あった。そもそも県庁全体のお金を管理している財政課（佐賀県庁では当時財務課）ならお金を持っているはずだ。

公務員でそこそこ経験年数がある人にはわかると思うが、はっきり言ってバカじゃないか、おまえはいったい何を考えているのかとツッコミを入れたくなる人もいるのではないだろうか。県庁に限らず国や市町村、そして民間企業だって財政部門の厳しい査定を経なければ事業予算を取ることができない。佐賀県庁でも一昔前は財政課の審査をパスするために山のような資料をつくり、深夜に財政課の入口に行列をつくって事業を通してもらうために必死に説明をするということをやっていたそうだ。

それだけ厳しい査定を行う財政課の、しかも財政課直轄の予算をもらおうというのだ。逆転の発想すぎたがもうそれ以外に方法が見つからなかった。県庁職員としてはそんな無謀なお願いをして財政課を敵に回すようなことになれば即、組織内の評価に響く。一般的には出世を諦めるようなことにもなりかねない。冗談で「そんなことしたら県庁クビになるよ」と同僚に苦笑しながら言われたが、別に私利私欲で悪いことをしているわけではないから、本当にクビになることはない。そう思うと「やる」という選択肢しかなくなった。

財政の知識も経験もない私には、巨像に立ち向かう一匹の蟻のように無謀すぎる挑戦だったが、幸いだったのは、当時の直属の課長だった山口和夫《かずお》さんが私の非常識を認めてくれたことだ。課長は私が医務課に異動したときから救急医療の現場を駆けずり回っているのをずっと見てくれていたので、「僕はもうすぐ定年だし気にするな」と笑って一緒にアウトローの役回りを引き受けてくれた。本部長室に直談判に行くときの課長の後ろ姿は本当に頼もしく、胸が熱くなった。

そうやってひとつひとつ課題を解決してドクターヘリも実現へと向かっていった。

現場のチームをひとつにするには

そして、もう一つ重要なことがあった。いくら県庁内部をまとめることができたとしても、実際には救急医療に携わる消防・救急、医療機関が腹落ちして一緒にやれなければドクターヘリ事業を実行することができないということだ。

ドクターヘリの運用は、想像以上に大変なことだ。消防と医療の連携がうまく機能しなければヘリは飛ばすことができない。もともと消防側は救急隊が現場で行える処置をして医療機関に搬送するまでを受け持ち、医療機関側は搬送されてくる患者を受け入れればよかった。それが日本の救急医療の常識だった。

それがドクターヘリの場合は医師や看護師が自ら現場に出向くことになる。ヘリは患者を運ぶためのものではなく、一刻も早い処置をするために医師や看護師を救急現場に運ぶためのものだ。いわば「ドクターデリバリーシステム」である。これまでの日本の救急医療の常識を覆して消防側も医療側もさまざまな業務を協働して行う必要がある。ドクターヘリスタッフと救急隊員が呼吸を合わせ、そこにタスキをつなげる人たちの足並みが合わなければ命を助けることはできない。

そこはこれまでの救急医療情報システムで散々議論してきた土壌が役に立った。佐賀県の課題は何なのか、どうすればもっと救急医療が前に進むのかを佐賀県医師会がリーダーシップをとってまとめてくれた。救急医療の2つの中核医療機関である佐賀大学医学部の阪本雄一郎教授と佐賀県医療センター好生館の藤田尚宏《なおひろ》救命救急センター長（当時）もタッグを組んで消防機関や地元住民への説明をしてくれた。県医師会も全力で県内医療機関との調整をしてくれた。まさにオール佐賀県の力でドクターヘリ導入は進んでいった。

県の会議でドクターヘリ導入が正式に決まった日。私は阪本教授と会議室を出て二人で並んで歩きながら、言った。

「不思議なことに、思ったより嬉しくないんですけど。どうしてでしょうかね？」

「円城寺さんもそうですか。僕もそうなんです」

これまでドクターヘリの導入を目標にがんばってきたのだから、もっと嬉しさが湧き上がってきても不思議ではないはずだ。しかし、導入が決まれば、そこからやらなければならない準備作業が山のようにあることを二人ともわかっていた。だから手放しで無邪気に喜ぶ気にはならなかった。誰かが「はい、これがドクターヘリです」と用意してくれるものではない。私たちが自分たちでしなければならない。その日から運用体制の確立、関係各所との調整、機体の選定など、さらにさまざまな業務に忙殺された。

ドクターヘリはヘリコプターとしてはどちらかと言えば小型に分類される。大量の人員を運ぶことはできず、一度に搬送できる患者はどうがんばっても2名が限界だ。そのかわり小型で小回りが利くのでどこにでも着陸できることが最大の利点であった。しかし小型とはいえ騒音や風圧などはかなりのものになる。近くに寄るとちょっとした台風の暴風圏なみの風が吹き荒れている。そのため出動要請がかかれば、たとえば着陸地点となるグラウンドなどにあらかじめ消防車が入って散水するような準備も必要になる。

また、近隣の住宅にも連絡を行い、洗濯物などを取り込んでもらうようなお願いもする。着陸で砂埃が舞い上がることによる近隣への被害を最小限に防ぐための措置だ。ヘリが無事に着陸できてよかったと一安心すると、今度はグラウンドが水浸しになって予定していた地域の行事に影響が出たことへの対応が発生……というように、細かなことまで含めてさまざまな業務が生じてくるのだ。

そうした業務に関わる人の誰か一人でも「何でこんなことを」という気持ちになれば、どこかでほころびが生まれ、運用がうまくいかなくなる。

機体の選定作業も重要だった。ドクターヘリの機種は複数のメーカーから出ているが、それぞれに一長一短ある。カタログに記載されているスペックだけでは判断できない。そこでデモフライトを行ったのだが、１回のデモフライトでも相応の費用がかかる。そんな予算はない。そこで、メーカーの中でも最もシェアが低いところに、予算がないことを断った上で選定のためのデモフライトを打診することにした。

メーカーとしてもシェア上位のメーカーに勝つための売り込みの絶好の機会になるため、もしかすればＯＫがもらえるかもしれない。すると「ぜひ」ということになった。

この話を他の競合メーカーにすると、当然黙って見ているわけにはいかずドミノ倒しのように4機種のデモフライトが実現したのである。

デモフライト時にも、今後のことを考え、現場の空気をいかにして一つにするかを考えた。通常なら、医師と看護師だけ同乗してもらうのだが、そこにあえて消防側の人と病院の事務職員にも加わってもらったのだ。

その方々はドクターヘリ運用では裏方業務に携わる。本来ヘリに乗る必要はないのだが、注目を集めるプロジェクトで自分だけが常に裏方というのでは、よほど志の強い人でもなければ作業に忙殺される中で心が折れるかもしれない。

そんなことにならないように、このプロジェクトはみんな一つのチームなのだと実感してもらいたくて一緒にヘリに乗ってもらった。そのおかげで、さまざまな調整で最も大変な思いをする事務職員の方々のモチベーションを維持することができたのだ。

まして、他県の場合は2～3年かけて導入作業を行うところを私たちは1年でやってしまったわけである。現場のチームが一つにならなければできなかったことだと思う。

２０１４年1月17日に佐賀県ドクターヘリ運航開始式典を行ったのだが、この日は純粋に喜べるかと思ったが、まだあまり嬉しくない。正式に運航を開始することでこれからどんな課題やトラブルが発生するかと考えると無邪気に喜ぶ気にはなれなかった。我ながら損な性格だと思う。初めて喜びを感じたのは、半年後、私が新しい部署の情報・業務改革課に異動した後の、たまたまツイッターを眺めていた時のこと。佐賀の三瀬で事故を起こして佐賀のドクターヘリで命を救われた人がこう書き込んでいた。

《事故を起こしてドクターヘリで佐賀大に運ばれた。ドクターヘリがなければ死んでいたかもしれない。運が良かった、ありがとう》

ＩＣＴで働き方が変わる

新しいシステムや機器を現場に導入しても、使われるのは話題になった最初だけで、いつしか存在すら忘れ去られてしまう。そういったことはよくあるかもしれない。

救急現場でも、ｉＰａｄを配備した当初は「おいたちは救急隊ばい。あんたのごと事務仕事で机に座ってるわけじゃないから、iPadとかよう使わんばい」という声もあった。

しかし次第に若手の隊員を中心にせっかく配備されたiPadだからいろいろ使ってみよう、という動きが出てきた。

なぜ、受け入れられたのかというと、そのために少しだけ仕掛けをしたからだ。普通は役所がこうした機器を現場に配備するときは、セキュリティや運用上の規則でガチガチに固めるものことが多い。「あれはダメ」「これはダメ」。たしかにリスクは少ないほうがいい。しかしそれでは使う側は心理的にも使いたくなくなる。私自身もアナログ人間だから使いたくもない端末を渡されれば嫌な気持ちになるし面倒くさいのはよくわかる。

そこで現場の隊員には、面倒な初期設定は事前にすべてこちら側で行い、電源を入れるだけでマニュアルなども読まずにスグに使える状態で手渡した。壊したらどうしようと不安に思う隊員も多かったので、企業側と話をして故意や重過失がなければ無償交換してもらえるサービスもつくった。さらにアプリのインストールなども規制せずに自由にしてもらうことにした。まずは端末に触って慣れてもらいたい、そして何よりもドキドキワクワクして業務に臨んでほしいと思ったのだ。

もちろん、税金で運用されるものであるから、ギャンブルやアダルトなどの不適切なアプリはインストールできない仕組みになっているし、ｉＰａｄはアプリにウィルス混入の可能性が極めて低いからできたことだ。自由に使える環境を提供したことで面白い活用事例が現場で見られるようになった。日本語の使えない外国人の患者に対応するための翻訳アプリを入れてみたり、耳が不自由な人と筆談ができるアプリ、救急車に乗せられパニック状態になりやすい子ども向けに動画でアニメを観せてみたり簡単なゲームをさせて落ち着かせるような工夫を誰に指示されることもなく行うようになった。

さらには、患者さんから服用している医薬品の名前を聞いたときに、すぐにｉＰａｄのインターネット検索機能を使ってその場でわからないことを調べることで、その後の処置をしやすくするなどの業務改善の動きも見えてくるようになった。

現場で改善サイクルがＩＣＴをきっかけに回り始めている。

メディアの取材を受けることも増え、それまで特に注目されなくても無事に患者を搬送して当たり前の仕事だったものが、外部からあらためて評価を受けることで「自分たちの仕事は意義のあるものだ」と再認識できたと、ある隊員が話してくれたことはとても印象的だった。

ＩＣＴ化が進むと、人間関係や組織に壁ができるのではないか、という質問をいただくことがある。たしかに人と人との関係は実際に顔をつきあわせたほうが上手くいくことのほうが多い。メールだと同じことを伝えたいと思っても、なかなか堅苦しくなり真意が伝わらないこともある。

だが、私たちの取組みでは逆だった。ＩＣＴによって情報が見える化され、お互いの状況が共有できた。これまでは思い込みでつくってしまっていた医療機関同士の壁、消防と医療機関の壁、それらとつながる行政との壁がなくなったように感じた。

ドクターヘリ導入の際も、先行した他の都道府県ではどの救命救急センターを持つ医療機関が基地病院になるかの綱引きで調整が大変だったと聞いていた。ドクターヘリは導入したものの、その綱引きのせいで関係が悪くなってしまったところもあると聞いた。しかし、佐賀県の場合は救急搬送情報の見える化に端を発した変革で、医療機関同士がそれぞれ必死にがんばっていることがリアルタイムでわかるようになり、協調と共感が生まれた。

例えば、これまで佐賀県の救急医療の中核を担う佐賀大学医学部附属病院と佐賀県医療センター好生館はお互いの状況が見えなかったために、組織の間に壁のようなものを感じた。それがICTによってお互いの状況が見えるようになって取り払われ、ドクターヘリの運用では2つの医療機関がタッグを組んで、互いに人事交流まで生まれるようになった。

デモフライト時には、両病院の救命救急センター長も同じ回に乗っていただいたが、互いに笑顔でヘリから見える建物の名前を指差し合ったり、初めて上空から眺める美しい佐賀平野の様子に感嘆していた。

医務課に異動になり、最初に挨拶に伺ったときの厳しく険しい表情や私への無関心さを思うと、目の前のこの光景は本当に感慨深いものがあった。

第5章

次なる挑戦

その先の救急医療へ向けて

２０１４年４月に人事異動で、今度は情報・業務改革課という地域のＩＣＴ化推進やオープンデータの担当となった。

救急医療の担当ではなくなったのだが、ＩＣＴ全般の担当となったことから、今度は医務課を後ろでサポートする役割となり佐賀の取り組みも次のステージへ進めていけるようにまたがんばっている。

イノベーションは自ら起こしたイノベーションによって陳腐化する。変革は自らが起こした変化の波によって取り巻く状況が変わる。そして取り巻く状況はすぐに変革に追いつきそして追い抜いていく。革新的な商品やサービスは打ち出した瞬間に陳腐化するのだ。だから常に改良や改善を続けなければならないし、その変革を捨てる勇気を持たなければならない。それができないとどうなるか。成功にあぐらをかいた瞬間に凋落は始まっている。

前述のように、私は総務省から「ICT地域マネージャー」の委嘱をいただき、全国で救急医療の変革に取り組む地域に赴き実現に向けての支援を行っている。

「その先の救急医療」の形を実現するための新しい情報ネットワークをつくりたいと思っている。ご承知のように、今後日本全体で高齢者の医療問題はさらに切実さを増すだろう。それに伴って医療現場では高齢者医療に対して、さまざまなリスクを感じている。

たとえば、独居の高齢者が何らかの怪我や疾患で救急搬送されてきたときに、受け入れが困難な事例もすでに現れ出している。多くの高齢者は何らかの疾患を抱えている。家族がいれば聞き取りである程度の医療情報を集めることができるが独居の方になると情報を集めることが難しい。情報がない状態で「胸が苦しい」と言われてもそれが心臓なのか呼吸器なのか、胸骨なのか心理的なものなのかの判断がつかない。肺の疾患かと思って受け入れをしたら心臓疾患だったというリスクがあれば、受け入れに積極的になれない気持ちもよく理解できる。患者さんの医療情報が共有されていないため、その患者さんがどのような疾患を持っているのかがわからない。これを何とかしたいと思うのは、2011年3月11日に発生した東日本大震災の後、私も4月あたまに被災地の健康管理チームとして福島県へ入った経験があるからだ。

被災地で見た深刻な課題

不思議な光景だった。派遣先の福島県新地《しんち》町へ向かう車中でレンタカーのハンドルを握りながら思わず目を疑った。私たちが北上している大きな道路の左側には一部屋根にビニールシートがかかっている家屋があるものの、コンビニやレンタルＤＶＤショップなど特に何も変わったことがない街並みが広がっている。それでは右側はどうなっているのか。右側は何もない。文字どおり何もないのだ。おそらく右側にも家やお店がたくさんあったのだろうが点在する瓦礫の山と津波に耐えて倒壊しそうな一部家屋を残して何もなくなっていた。たった道路一本はさんだだけでこうも違うものなのか……。台風や地震とは異なる津波の災害現場を初めて見て衝撃を受けた。

避難所の健康管理チームとして、佐賀県から一緒に派遣されている保健師さんのサポートを行うのだが、避難所を回っているときに何度も同じ光景を目撃した。他県から支援に来ている医療チームの医師や看護師が避難所にいる高齢者と延々と要領を得ない会話を繰り返していた。

「おじいちゃん、日頃どんな薬を飲んでました？」「うーん、わからねぇ。なんか白い丸い薬と青い粉薬を飲んでたと思うんだけど、わからねぇ」「うーん……それじゃわかりませんね……困りましたねぇ」

医療機関も津波により流されておりカルテ等の資料も残っていないし、お薬ノートを持っていた人もいたが家と一緒に流されてしまっており、避難所にいる高齢者たちの医療情報がまったくなくなってしまっていたのだ。救急医療のエキスパートである阪本教授が言っていた「医師は神様じゃない」という言葉を思い出した。避難所で具合が悪いといわれても、これまでの病歴やアレルギー情報、飲んでいる薬の情報、などがわからないと責任をもって判断が下せない。それらの情報があってすら、絶対はないのだ。佐賀から遠く離れた東北の避難所でまた深刻な課題を抱える現場を見てしまった。

そしてこの深刻な課題は何も避難所だから起きているわけではない。私たちの身の回りでも起きている。

こんなことがあった。ある晩のこと、毎日搬送実績情報モニターをチェックしている私は妙に「搬送不可」が多い夜を見つけた。なんだろう? 入力ミスかな? と思ってデータを調べてみることにした。90歳代の高齢者女性がトイレで一般負傷したという搬送だった。それ自体はそんなに難しい案件ではないように思えたのだが、8つの医療機関が受け入れできず、最終的に救命救急センターに搬送されていた。搬送に要した時間は2時間以上。これは大変な疾病だったに違いない、この方の命は助かったのだろうかとデータを調べていくと驚くべきことがわかった。医師の初診時の傷病名は「擦過傷」、つまり擦りむいただけ。「処置後帰宅」となっており問い合わせてみたところ、「トイレで転倒して擦りむいて出血しておられたので、消毒と絆創膏を貼ってお帰りになりました」という回答が返ってきた。ホッと安堵すると共に違和感を感じた。結果的に軽傷で良かったのだが、どうして8つもの医療機関が受け入れできなかったのだろうか。しかも、この搬送一件でタブレット端末で1件当たり5分くらいを必死に時間短縮している関係者の努力の20件分以上が一気に吹き飛んだことになる。もちろん搬送時間はひとつの目安に過ぎない。しかし佐賀県でも一度搬送時間が短縮に転じたのちに、再び搬送時間は伸びる傾向にある。これは何かあるのではないかと思い、8つの医療機関を訪問して話を聞くことにした。

わかったことは避難所と同じだった。擦過傷自体の治療はもちろんできる。しかし8つの医療機関が受け入れをできなかったのは、90歳の高齢者の方の医療情報が何もないことが原因だった。この方は独居で家族などから医療情報を十分に聞くことができなかった。例えば受け入れをしてこの患者に「おばあちゃん、どうしてトイレで転んだの？」と質問して、「いきなり頭がくらっと来て……」「急に胸が苦しくなって……」など言われた場合に脳や心臓の疾患を疑うことになる。そのときに病歴などがわからない上に専門医がいない場合はどうしても対応できなくなる。そのリスクを考えると救急救命センターなどの高機能でスタッフの充実している医療機関でしか対応ができないと考えるのは当然のことだった。救急医療の取組みで一貫していることは悪いのは人ではなく仕組みなのだ。高齢化により日本の救急医療の内容が大きく変わってきている。これまでは外傷中心だったものが近年では病気が中心となっている。患者の医療データや健康データがなければ良い処置はできない。これはすでに日本中で課題となってきているし、高齢化による救急医療の変化は世界中で課題となるだろう。

先にも述べたが、先進国ドイツ・イタリア・スイス視察を行った際に現場の医師たちにこの問題意識を投げかけてみた。答えはこうだ。「うーん、たしかに最近脳疾患とかでドクターヘリ搬送するケースが多くなったような気がするね。でも、現在の外傷用の装備とスタッフで十分対応できているから問題ないよ」。高齢化による救急医療の中身の変化は、日本が世界的に一番先に直面し、この危機に気づいているのかもしれない。

ビッグデータが医療を変える

救急医療の変化に対応するためには、これまで以上にＩＣＴを活用することが一助になるのではないだろうか。

個人的にはマイナンバー、もしくは医療版マイナンバーに期待している。私たちの受診履歴や病名・治療内容、アレルギー、投薬情報、そして健康診断の情報などを使えれば救急搬送がしやすくなるし、医療機関の処置の初動も早くなる。もちろん情報漏えいや悪用への対策は必要であるが、現在のように、情報がないままにすべての責任と決断を現場の救急隊員や医師に押し付けることが救急医療を更なる崩壊の危険へと導いていると危惧している。法律やルールは誰がつくるのか？ 政治家や官僚がつくるのではない、住民のニーズや時代の方向性、課題の解決の機運が法律やルールをつくるのだ。政治家や官僚はそれを形にすることが仕事であり、私たちが救急医療の課題を認識して機運をつくることが本当の意味での救急医療の変革につながるのではないだろうか。

そして、私はその先にある新しい医療の形を実現できないか暗中模索している。

事故やけがは予測できないが、疾患にはさまざまな予兆がある。大病した人はみんなこう言う。「そういえば最近肩こりが急にひどくなっていた」「数日前から頭痛がひどくていつもは鎮痛剤で治まるのに治まらなかった」など。

それらの大病の予兆は自分ではなかなか気づかないものだが、健康管理を行うことができるウェアラブルな端末（着用可能な情報ネットワーク機器。腕時計型やメガネ型、胸にペタッと貼るパッチ型など様々な種類が最近出てきている）などで心拍数・呼吸数・血中酸素濃度などの状態をモニターしていれば事前に察知することもできるのではないだろうか。現在の身体の情報とこれまでの健康データ、そしてビッグデータとしての医療データを組み合わせることで大病の予兆を可視化する。この健康状態だと80％の確率で48時間以内に心筋梗塞が起こるなどを知ることができれば、自分で早めに医療機関を受診しようとするだろう。倒れる前に対処が可能になれば救急搬送を行わずに済み、手術や後遺症を避けることもできるだろう。

夢のような話だと思われるかもしれないが、夢を夢のまま終わらせないためには現在の技術を組み合わせてやれることがきっとある。一県職員の範囲を超えているし、もちろんこれは県庁の業務として私に割り当てられているものではない。それでも気づいたからにはやらないわけにはいかない。

全国を飛び回っているうちに、医療改革を志す仲間たちができた。

そのひとつが医療変革を志す集団「Ｔｅａｍ医療３・０」であり、神戸大学の杉本真《ま》樹《き》氏と医療ＩＴエキスパートの畑中洋亮《ようすけ》氏が中心となって集まった12名のメンバーであり、外科医、内科医、看護師、薬剤師、ＩＴ企業経営者、そして行政の私と職種も多岐にわたっている。

彼らは医療のあらゆる分野で実際に変革をリードしているメンバーで、薬局薬剤師分野では狭間研至《はざまけんじ》氏、在宅医療では遠矢《とおや》純一郎氏、片山智栄《ちえ》氏、地域医療の宮川一郎氏、救急医療と先端ＩＴの高尾洋之《ひろゆき》氏、外科の網木学《あみきまなぶ》氏、医療教育の金井伸行《かないのぶゆき》氏、姜琪鎬《かんきほ》氏、そして医療大国アメリカを拠点に医療アプリ開発を行う堀永弘義《ほりながひろよし》氏などがいる。

メンバーの共有理念は「情報革命で医療を次のステージに」というものであり、お互いが切磋琢磨と情報交換をして医療のステージをひとつずつ上げるべく奮闘している。

医療ビッグデータのほうでは救急車の搬送データがこれまで10万件以上蓄積されている。私や県職員でのデータ分析能力では限界があるが、こちらも面白い仲間が見つかった。データの担当となり東京で開催された「日経ビッグデータカンファレンス」で講演を聞いて感動した、アクセンチュア株式会社で世界的にデータサイエンティストとして活躍する工藤卓哉《たくや》氏だ。講演後に工藤氏と名刺交換をする長蛇の列に並び、たったの30秒も与えられた時間がない中で「佐賀県では救急車の搬送データが年間3万件以上あります。工藤さんのお力をお借りして一緒に日本の救急医療を変えていただけませんか!」と振り返ってみるとまたとても失礼なお願いをしてしまっていた。ここでも幸いだったのが、私のこの無礼な申し出とは別に、佐賀県庁でもデータ分析を県政に取り入れる動きがすでに起きていて、工藤氏と調整をしているところだった。

現在では工藤さんを筆頭にデータサイエンティストが救急搬送データの分析を医務課と一緒に行っている。まずは救急医療からのスタートだが、何らかの傾向や対策などがさらに打てるようになる日も遠くはないと信じている。

荒唐無稽なこともひとつひとつ取り組んでいけば、いつの日か夢のような医療が実現するかもしれない。

ドローンが命を救う

そして最近取り組んでいるものがドローンだ。最近はよく話題になっているのでご存知な方も多いかと思うが、ドローンとは無人航空機のことであり、遠隔操縦や自動操縦により飛行させることができる飛行機等のことを指す。

ドローンといえば2015年4月に首相官邸の屋上に落下した事件で一躍有名になったように「空の産業革命」と期待されている一方で落下事故やトラブルも多い。私は官邸事件が起きる以前から「ドローンを社会システムとして使えないか」ということを考えており、いきなり産業利用では住民の理解が得られないため、まずは命を救うために使おうということを考えていた。そんな中、AEDをドローンで運搬する実証を行っていた救急救命士の資格を持つ小澤貴裕《たかひろ》氏と出会い、官邸事件からわずか半年後の9月9日（救急の日）に、ドローンで命を救うことを目的にした「Project Hecatonche・ir」（プロジェクト・ヘカトンケイル）を東京大学で記者会見してスタートさせた。こちらも異なる分野の専門家が組織や住所地の枠を飛び越えて集まったもので、クラウド・ネットワーク基盤担当は株式会社リアルグローブ代表取締役社長の大畑貴弘《たかひろ》氏、救命用に特化したオリジナルドローン機体開発はクリエイターの岡田竹弘《たけひろ》氏、生体医療用工学アドバイザーに東京医薬専門学校の沼田慎吉《しんきち》氏、広報・ドローン導入アドバイザーにドローン情報サイトDRATIONを運営する稲田悠樹《ゆうき》氏、そして行政アドバイザーとして私も参加している。

このプロジェクトでは、救急に必要なドローン活用を3つのレンジ（距離・活動範囲）に分けている。屋内探索用の小型ドローンは火災現場や有毒ガスが発生する現場で、これまで救急隊員が命をかけて行っていた、生存者の発見や状況把握を行うようになるだろう。過酷な環境下であるためドローン自体にボールのようなガードワイヤーを搭載し壁に当たっても墜落しない構造を持ち、炎上や破損による機体の損失を前提として安価な製造で進めている。

災害現場や交通事故現場の上空からの状況把握には中型のドローンが活躍するだろう。現在でもファントムというドローン機種に搭載されているカメラ性能は4K画質での静止画と動画の撮影を可能にしている。上空からの情報を届けるだけでなく、心肺蘇生が必要な患者にＡＥＤを届けたり、溺れている人へ浮き輪を届ける、あるいは蜂に刺されてアナフィラキシーが起きた際にエピペンと呼ばれるアドレナリン自己注射薬を空から迅速に届けるようになるだろう。これが実現すれば、数分数秒の遅れで救うことができなかった命を助けることができるようになるかもしれない。

離島や山間地、そして東日本大震災のような被災地へ必要な物資を届けるには片道50キロの長距離飛行が可能な有翼タイプの大型ドローンも活躍するだろう。大量に物資を届けることには現在ではヘリコプターやトラックに大きく劣っているが、すべての物資を一気に運ぶのではなく、優先順位の特に高い物資を運ぶことに適している。ドクターヘリの導入担当をしていたのでよくわかっているが、ヘリコプターは着陸場所を探すことがなかなか難しい。ましてや被災地で安易に着陸すればヘリコプターの風圧が瓦礫を吹き飛ばし被害が拡大したりすることも考えられる。比較的容易に着陸できるドローンがあれば大量の物資輸送に先行して緊急度の高い物資を困っている人たちのもとへ届けることができるはずだ。

２０２９年の日本を舞台に近未来の世界を描いた『攻殻機動隊』というアニメがある。

その世界を現在の技術で少しでも実現に近づけていこうという一大プロジェクトが2015年6月に立ち上がった。「義体」とよばれるサイボーグ・ロボット技術、「電脳」とよばれる情報ネットワーク・人工知能技術、そして都市の電力・交通を担う「スマートシティ」の3つの分野で東京・神戸・福岡の3都市でコンテストを行い、広くアイデアを求め、実現に向けて支援・協力するというものだ。

私たちのドローンで命を救うプロジェクトも「電脳」部門に応募して、なんと神戸大会で最優秀プロジェクトをいただいた。2016年2月には本大会アワードが開催されるということでさらに実現に向けて尽力していきたい。

ひとりでは不可能なことも、様々なテクノロジーを駆使して、そして分野や住所地の枠を超えた人材の交流と協力をすることで社会は変えていける。これからも私たちの未来を少しでもよくできるように力を合わせて実現していきたい。

終章

はみだし公務員が伝えたいこと

普通の公務員だからできること

本書では、私が携わった多くの〝変革〟を紹介しているが、何度も言うように私はスーパー公務員でもエリート公務員でもない。

むしろ、普通の公務員として自分に嘘をつくことなく仕事をしたいという想いが強くある。普通の公務員が、地域の役に立つ仕事に本気で取り組むことが日本を良くする一助になると信じているからだ。しかしそんな思いとは逆に、気づけばなぜか盛大にはみだしていったことも事実である。そんなはみだし公務員だから伝えたいことを最後に書いておきたい。

日本で初めて県内のすべての救急車にｉｐａｄを配備し、県の医療機関情報・救急医療情報システム「99さがネット」と連携することで、救急搬送を見える化させて１１９番通報から病院搬送までの時間を短縮させた取組みも、もとは冒頭のように私が救急現場を知ることから始まった。

後ろ盾があって始まった大プロジェクトではない。もとより私は特命を受けたわけでもなく、自分がやるべきことを探して地道に救急現場を訪ね歩いていたに過ぎない。

後に、『夢の扉＋』などで「救急搬送を変えた熱血公務員」としてテレビ放映されたこともあり、まるで私がこうした大々的なプロジェクトを次々仕掛けていった張本人のように見られるのだが、実はそうしたイメージには違和感を感じている。なぜなら、私自身は、県庁の星でも何でもなく、ただの現場好きな一県庁職員だからだ。それにも関わらず、テレビ出演や世界的なプレゼンに登壇させてもらったり、国の政策に関わる議員集団の勉強会に参加させてもらったりしているのは不思議なことだ。

逆に言えば、それほど普通の公務員が「事を興す」のが珍しくもあり難しいと思われているからだろう。

だが、これは知っておいていただきたいのだが、私も含め多くの公務員は、目立たない中で世の中の役に立つ仕事をするのが本当に好きなのである。

私が県庁に入って最初に配属された出先機関である土木事務所の仕事もそうだった。

たとえば、用地買収をして道路をつくったとしても、地元の人ですら全員が知っているとは限らない。

それでも、その地域に暮らす人にとっては、本当に必要不可欠な生活道路であったりする。そうした道路を、今でも何かの仕事で近くまで行ったときに車で通ることがある。自分が用地買収から手掛けた道ということもあって、ちょっとした感慨に浸るのだ。

唐津に作ったバイパスもその一つ。従来の道路は道幅が狭く、近くの小学校の通学路にもなっていた。大型トラックが行き交う中、子どもたちがランドセルで身をかわしながら通学しているという状況だった。

地元からは、安全のために早くう回路を作ってほしいという声があがっていたが、バイパス建設のためには多くの家屋の立ち退きが必要となり、用地買収だけでも数十億円必要な大事業である。

一口に道路を作るといっても、そこにはさまざまな想いや利害が交錯する。それらをうまく収まるようにする仕事は、私利私欲ではできない。だからこそ、自分たちのような公務員が必要とされるのである。

もちろん、地元で暮らしている人は、そんな裏側のことまで知る由もない。

唐津のバイパスが完成してしばらく経ってから、私が久しぶりに現地に行く機会があったとき、たまたま通りかかったお婆さんにさり気なくたずねた。

「こんにちは。ここ昔は道がなかったんですよね。新しいバイパスはどうですか？ 便利ですか？」

するとお婆さんは「そりゃ、よかったよー。うちの孫なんか、いつトラックと接触するかと毎日ヒヤヒヤしとったもんね、ありがたかー」と言ってくれたのである。

もう、その瞬間に、何とも言えない嬉しさがこみ上げてきた。

そのとき、既に私は土木事務所から異動して、違う仕事の担当になっていたが、自分の仕事を誇らしいと思えた。大きなニュースで取り上げられることもない道路づくりの、それもほんの一部分の仕事である。

誰も面と向かって評価も感謝もしてくれない。それでも、私は、目立たないところで誰かに確実に役に立つことができて、喜んでもらえているということに、どんな派手な仕事でも感じることのない深く静かな喜びを感じたのである。

お役所仕事に誇りを持つ

どうしてもこのところ気になることがある。ヒーロー型公務員がもてはやされる風潮だ。

公務員のお役所仕事を打破して、民間のように成果主義で新たなことに取り組む。それは決して悪いことではない。ただ、忘れてはならないのは、自分たちは多くの人から預かった税金を使わせてもらって動いているということだ。

本来、ルールや前例に縛られるお役所仕事というのも、そうした税金を何のリスクも考えずに好き勝手に使って物事を進めないための一つの歯止めだった。ところが今は、失敗しても身分保障がされている立場にあぐらをかいて、責任は負わない立場で好きなことをやれるのが公務員だという勘違いが生まれている。

脱お役所仕事、脱公務員という流れがおかしな方向に向いているような気がしてならない。

本書で私がお話しした、さまざまな変革に伴う施策も、実際には表に出ない地味な業務を山ほど積み重ねてようやく実現できたものばかりである。

企業に発注を行ってシステムをつくるために予算の組み替えをしたり、仕様書をつくり入札をかけ、契約行為をする「仕事」は、公務員として当たり前すぎて誰も評価もしないが、それこそが本来の仕事だ。

許認可などの事務も一部の自治体ではあるが、当たり前のこと、ただのルーチンワークとして軽んじられる傾向があるという話を聞いた。しかし私は許認可こそ優秀で公の志を持った人物でなければできない非常に重要な仕事であると考えている。たとえば医療法を例に出すと、この法律では医療機関の営利事業は基本的には禁じられている。そこは理解できるし問題はないかもしれない。だがこういう事例はどうだろうか。医療機関が屋根に太陽光発電設備を設置して発電した電力を売電するというものだ。

別に問題がないと思った人も多いかもしれないが、杓子定規に法律の規定を当てはめると許可することはできない（もちろん実際の許認可においてはケースバイケースなのでその事例ごとに判断することになることは言うまでもない）。太陽光発電がある程度普及した現在だから当たり前と思うかもしれないが、じゃあ20年前に同じ事例があった場合、おそらく完全に認められないだろう。社会環境の変化と共に私たちの常識も変わっていく。これに柔軟に対応しなければならない。

本来の法の趣旨は、医療機関が利益に走って人命を助けることをおろそかにしてはならないというためのものである。そこをきちんと私たち公務員が理解すれば、メガソーラーを運営するわけでもなく医療機関が病院の屋上にソーラーパネルを設置して行う程度は問題ないという発想ができる。

そうした許認可は公務員だからこそ正しく判断できるものだ。それによって、医療機関が余計なエネルギーコストや環境負荷をかけずに、生命線の電力の一部でも賄えるようになればとてもいいことである。

目立つ、目立たないではない。そういうことを可能にすることにこそ公務員としての仕事の喜びがあると私は考えているのだ。

公務員の仕事とは、どんなに地味で目立たなくても、意味のない業務など本来は一つもない。その業務をきちんと行うことで、どんな人にどう役に立つのか。その想像力こそ、公務員に求められるものだろう。

公務員らしい仕事こそ大切であり、お役所仕事という言葉に誇りを持っていい。お役所の仕事とは地味で、放っておくと問題が起こるようなことを目立たないうちに手を打っておき、採算ではなく、人の命や地域の人の幸せを基準にして行うものだ。

それこそがお役所仕事の誇りだと思うのだ。

日本を覆う空気を変える

独創的な製品を数々世の中に送り出してきたことで知られる、ある有名メーカーの本社に伺ったときのことである。

会社の歴史を紹介しているコーナーで、創業者の次のような言葉が目に入った。

《アイデアのいい人は世の中にたくさんいるが、いいと思ったアイデアを実行する勇気のある人は少ない》

言い得て妙だと思い、そのことを案内してくれていた社員の方に伝えた。すると、その会社の社員は、何とも言えない表情で「いやぁ、ブラックジョークですね」と言った。社員自らが、自分たちの会社のチャレンジ精神を「ブラックジョーク」と冷笑するぐらい、リスクとコストのかかるものは社内で潰されているのが現状だという。

そういうことか、と思った。そのメーカーは高度経済成長期にベンチャー精神で世界的に知られるまでに成長したが、現在は新興国との競争に疲弊し、最近はこれといったヒット製品も出なくなり相次ぐリストラにあえいでいる。その理由を垣間見た思いがしたのだ。

私が出会った社員の方々一人ひとりは熱い想いを秘めた人ばかりだ。自分たちが開発している機器を使って何か一緒に連動できないかと、私を本社に呼んでくれたのである。

このとき思ったのが、新たな挑戦ができない空気は、この会社だけの問題ではなく、私たちにも、もっといえば日本全体を覆う雰囲気や空気ではないかということだった。

いつも思うことなのだが、日本人は一人ひとりの人間で見ると極めて真面目でまともな人が大半で、このままではいけない、何かしなければという想いを持っている人も少なくない。

それなのに、組織や全体というスケールになると、互いにけん制し合って身動きが取れず息苦しくなっている。組織や上部の顔色を窺って、いつの間にか何もしないほうがいいという選択をしてしまう人も多いのではないだろうか。

それなら、そんな風に思考してしまう人たちを排除すれば状況は良くなるのだろうか。そんなことはないだろう。その場を支配している、よくわからない雰囲気や空気がそうさせているからだ。

それでも、みんながそうやっているからという風に「本当はおかしい」「ちょっとズレている」と思いながら、その場の雰囲気や空気でものごとを進めてしまうと、何かとんでもないところに向かって後戻りできないことにならないだろうか。

自分が愛する地域が、この国がそうなってほしくないからこそ、私は誰もがやりたがらないことをしてでも空気を変えたいのである。では、そのような変革はどうやって起こせばいいのか。

定石を壊すのは定石のみ

これまでの自分の体験や多くの変革を起こした先人たちの行動を振り返ってみると、何か常識はずれで天才的なことをしたかというとそうは思えない。むしろ仕事としてスタンダードで定石をひとつひとつ積み上げていっただけのように思える。スタートとゴールだけを見れば自分にはできそうにないスゴイことでも、その中身は当たり前のことを正攻法でひとつひとつ積み上げていっただけなのだ。その過程でどうしても使わないと突破できなかった奇策が目立ってしまい、それればかりがクローズアップされることも少なくない。

変革者は物事を変えるだけの人間ではない。変えることが目的ではなく実現したい理想や未来に近づけるために、たまたま変えるという手段をとったにすぎない。

これは私の持論であり、新しく県庁に入った人たちにはこんなメッセージを伝えている。

「これまでやってきた前例や既存の制度を頭から否定してはいけない。たしかに時代に合わなかったりおかしいところもあるかもしれない。しかし、それもこれまで先人たちが汗と涙でつくり上げてきた積み上げなのだ。それは経験や教訓の塊であり、過去すべての人たちがより良い社会を生きたいと血のにじむような努力をしてきた願いや祈りなのだから、まずはしっかりと前例や既存制度を学ぶこと」

どのみち定石を学ばないと矛盾点や変え方もわからない。前例はこれまで多くの人が試行錯誤し失敗を繰り返しながらやってきた尊い先人たちの知恵だと思えば学ぶべきところはたくさんある。仮に心底悪い制度だったとしても反面教師として学ぼうと思えば何からでも学ぶことができる。前例を学びその精神を理解し、そこから現場とのギャップや改善点を見出す。前例を学ばず頭から否定することは思い上がりであり、これまでそのことに尽力してきたすべての人の努力や願い、汗と涙を踏みにじる行為だと私は思う。まずは当たり前に前例を疑問を感じながらもやってみて、そのうえで変えるべきは変える。決して変えること自体が目的にならないように気をつけていただきたい。これは自分への戒めでもあるのだが真面目で熱い人ほど気づかないうちに陥っている罠でもあるのだ。

そして判断に迷ったり行き詰まってしまったらまずは「なぜ?」に立ち戻ってみてほしい。誰のために、何のためにやるかを、自分に問いかけてみると解決できることは多いはずだ。

「現場でがんばっている人たちに顔向けできるだろうか」
「自分の家族や子どもや孫たち、そしてまだ見ぬ未来の人たちに胸を張れるだろうか」
「この仕事に就いたばかりのあのワクワクドキドキしていた頃の若き自分に誇ることができるだろうか」

結果が伴うかどうかはやってみないとわからないが、少なくとも何かを決断したり判断するときの基準にはなるのではないだろうか。

まずは1年分の給料を貯めよ

前述のようにいろいろと動いてみるとたしかにいいこともあるが、非常に大変なことも多い。私の場合は本当に県庁を辞めようかと悩んだ時期もあった。その中で、辞める気になれば何でもできると割り切ったことが突破口を開いたようにも思える。悩んでいた頃に高校の担任で郷土歴史家の恩師、大園隆二郎さんからこんなことを言われたことがある。

「円城寺君は、本気で国や県、社会を変えたいと思いますか？ もしそう思うんだったらまずは1年分の給料を貯めてください。これは佐賀藩の昔の人が言った教えです。改革をするには辞める覚悟が必要です。多くの人は辞めるとご飯が食べられなくなるから引き返してしまいます。だから1年分給料を貯めてください。本当に辞めることになっても1年分くらい蓄えがあれば新しい仕事を探せるかもしれません。これは昔も今も変わりませんね」

その日から私は地道に貯蓄をして1年分の給料くらいは貯めることができた。たしかに自分の身勝手で家族を路頭に迷わせるわけにはいかない。私のような普通の人には自らの命や家族を捨てて改革を断行することは容易ではない。ならばせめて1年分の給料は貯めて本当にいつクビになってもいいと腹を決める。

「変革を起こしたければ、まずは1年分の給料を貯めよ。辞める覚悟を決めよ」

精神論だけでなく、まずはそういう形でも覚悟を決める行動を起こすことは大切かもしれない。できる、できないではなく、「やるか、やらないか」。自分がやると決めてしまえば、何だってできるはずだ。

そしてゴールを設定し、その姿から、いつ、何をするかを逆算していく。これが変革を起こす定石かもしれない。やると決めてしまえばいかなる障害も単にハードルが高いか低いかの違いがあるだけで、乗り越えることには違いない。そして乗り越えることだけを考えれば、すべての事象は使えるアイテムや武器にしか見えない。

やりたいことはアフターファイブで

1年分の給料を貯めて覚悟を決めたとしても「天の時」というものもある。つまり今はその機会ではない、とグッと堪えて我慢する時期もある。逆風のときはなおさらグッと堪える必要がある。そんなときはどうするか。何もせずに待つことも方法としてあると思うが、アフターファイブの勤務時間外に静かに実行することをお勧めしたい。

与えられた仕事をないがしろにせずに、余暇の時間を使ってやりたいことをやる。私もアフターファイブに勉強会をすることで様々な仕かけをすることができた。仕事としてすれば予算が使えるといったメリットもあるが、異動してしまえば、道半ばでもそこに携わることができなくなる恐れもある。第5章で紹介したドローン、ずっとやりたかった佐賀戦国史の研究なども、私は県の業務ではなく勤務時間外の時間を使ってやっている。もし職場で自分の力が発揮できないと悩んでいる人がいたらぜひアフターファイブで「プラスワン活動」をやっていただきたい。自分の力が試せるし社外の知人も増えるから世界が広がる。会社内では部下がいなくてもプラスワン活動で例えば自分のNP

OやCSOを立ち上げて代表になれば、規模の大小の差はあるものの、経営者と同じ視点の仕事の仕方が身につくはずだ。私自身も県職員のアフターファイブ活動やプラスワン活動を後押しするために、佐賀のCSO活動家たちと協力して活動を行っている。

それが「官民協働プラスソーシャルアクションセンター」（通称プラスワンセンター）で、公益財団法人佐賀未来創造基金理事長の山田健一郎氏と共に協働代表として、そして佐賀県庁には県職員のプラスワン活動を支援する男女参画・県民協働課という課があり、それらのメンバーと共に講演会を実施したり、CSO活動の紹介やマッチングなどの活動もしている。業務としてできないときはアフターファイブでやってみる。それなら部署を異動したとしても関係なく活動を続けることができる。佐賀県庁には難病支援や国際化支援を若い頃からやってきた先輩たちがおり、そういう先輩が身近にいてくれるのはとても励みになるし、学ぶところも多い。その影響があったのか、2014年に志のある知事や市町村長でつくる首長連合で「地域に飛び出す公務員アウォード」という公務員を表彰するイベントが行われたが、このプラスワンセンターの活動が全国から4名のアウォードへ選ばれることになった。なんと私だけでなくもうひとり別のイベントをやっている県職員も受賞しており、全国4事例のうち2つが佐賀県庁の職員という快挙を成し遂げている。

ただし、アフターファイブ活動を行うときに、気をつけなければならないのは、仕事ではないといっても、外からは県職員として見られることだ。だからこそ人一倍、自分の組織の情報収集を怠ってはいけない。例えば県の方針と真逆のことをやれば勤務時間外でもいろいろとまずいこともたくさんある。まずは新聞やテレビなどの地元メディアの情報をしっかりとチェックすると共に、機会があれば積極的にトップの言葉や定例記者会見、議会答弁なども聞いていただきたい。たくさんの情報を集めて県が進む方向を導き出す。方向が同じであればよいが逆方向ならばまたやり方は変わってくる。同じ方向性だったときには誰が何と言おうと堂々とやったほうがいいと思っている。一番まずいのは、誰かがやるだろうと思って結局誰もやらず、隙間に落ちてしまうことだ。組織間の壁の間に落ちてしまいそうなものを見つけたら、アフターファイブであってもやはり拾ってほしい。それがいずれあなたとあなたの組織を救うことにつながるかもしれない。

外部人材を積極的に活用する

佐賀県庁には外部人材がたくさんいる。社会人採用のＵ・Ｉターン職員も他の自治体に比べるとたくさんおり、民間企業での知識や経験を活かして、県の広報やショッピングサイト運営支援など、いろいろな分野で活躍している人もいる。ＩＣＴの分野では佐賀県は先進県と呼ばれることも多くなったが、これは佐賀県が最高情報統括監（ＣＩＯ）や情報企画監を外部の民間企業などから公募していることも非常に大きな要素を占めると私は思う。多くの自治体ではＣＩＯは副知事や副市長などが兼務する、どちらかと言えば内部管理がその中心であるように思える。佐賀県ではそれを内部管理という「守る県政」だけでなく、民間企業出身者という新しい発想で「攻める県政」として位置付けたことは大きかった。

私と関係があるのは2代目ＣＩＯの川島宏一《ひろいち》氏と3代目ＣＩＯ森本登志男《としお》氏の二人で

ある。

川島氏とは直接仕事をしたわけではないが、業務改革について特に知識と経験が豊富で、同じく外部人材の当時の情報企画監の廉宗淳《よむじょんすん》氏と共に救急医療情報システム構築の際には様々なアドバイスをいただいた。また川島氏がインドで開催された国際シンポジウムへ参加した際の随行として私もインドに同行し、世界各国の公共サービスの最前線を勉強させていただくことができた。これはとても貴重な経験であり、インド滞在中に川島氏が現在取り組んでいるオープンデータについても勉強させていただいた。

森本氏とは医務課時代に業務上の直接の関係はなかったものの、アフターファイブの活動の場などでたびたび顔を合わせることが多く、職場外での付き合いのほうが長いという変わった関係であった。ICTを使った地域活性化やマーケティングの知識と経験が豊富で、全国的にも類を見ない県庁職員のテレワーク実践やデータ利活用プロジェクト、民生委員タブレット実証事業なども主導している。

2015年11月の安倍晋三内閣総理大臣や麻生太郎副総理兼財務大臣が出席する「経済財政諮問会議」では、佐賀県庁の外部人材活用について、全国的に類を見ない優良事例として紹介されている。

変革を起こすきっかけとして、やはり県庁のルールや枠組みにとらわれない外部人材の活用は有効だし、必要不可欠なもののように思える。ただそのときに誤解しないでいただきたいことは、別に民間企業のノウハウが100%優秀ですばらしいものではないということだ。優劣ではなく、大切なポイントは、自分たちにない新しい観点や価値観を持つということだ。前述したとおり、どんなに優秀で人格者の公務員も内部の職員としか付き合わないと知らないうちに「内向き人間」で組織のことにしか関心がなくなってしまう。そういう公務員に刺激を与え、そして外の世界に目を向けてもらうきっかけとして外部人材を活用すると組織としていいものになると確信している。その場合、もうひとつ気をつけてほしいことが、外部人材と内部職員との橋渡し職員、いわゆる「通訳者」がいるかどうかは外部人材活用の大きな成否を分ける。できれば「役所内の橋渡し役」職員と「CIOのアイデアや外部との折衝も行うカウンターパートナー」職員の最低2名を補佐としてつけることが、私のこれまでの経験上、望ましいと思う。

いずれにしても、外部人材の登用が目的ではない。組織を活性化して変革を起こす土壊や組織風土をつくる、外部の観点から業務チェックを行うために外部人材が必要なのだ。

あなたの身近にもすごい公務員が

先日、母校の佐賀西高校で講演をさせてもらったときに、高校生から「公務員になるには高校生のうちに何を身につければいいですか?」という質問をいただいた。私はこう答え、その高校生へエールを送った。

「まずは一生懸命に目の前の高校の勉強をがんばってください。何か特別な経験を積む必要はありません。それはその気になればいつでもできます。今は目の前にある学校の授業に真摯に取り組んでください。残念ながら受験勉強で得られる知識は実社会ではほとんど役に立ちません。社会の状況はどんどん変わっていくので知識はどんどん陳腐化していきます」

「公務員はそういう社会の変化を知らなければいい仕事はできません。つまり、大切なことは知識ではなく〝学ぶ力〟〝自分を成長させる力〟だと私は思います。知識は今の時代インターネットを使えば簡単に手に入ります。でも皆さんが実社会に出たときに、いつか必ず壁にぶちあたります。自分の能力を超えたことに取組むときには自分も成長しなければ社会課題は解決できません。学生のうちにそういうことを身につけていただければ、きっと社会の役に立つ公務員になれると思います。僕もそういう方と一緒に仕事がしたいですね。がんばってください」

社会課題に立ち向かうためには学び続け自分を成長させる必要がある。全国にそういう公務員たちはいるのだろうか。

私が東京で初めての講演をしたときにまさにそんな公務員たちがいた。群馬県庁の片《かた》貝和晶《かいかずあき》さんと埼玉県庁の草木利江《としえ》さんだ。この二人は当時の救急医療担当者で、佐賀県のようにICTを使った現場の改革をぜひやりたいと熱く語ってくれて、それから情報交換や両県での取組みの阻害要因になっているものをどう乗り越えるかを議論した。全国を飛び回るときにこういう他県の熱い担当者と出会ったことが私を勇気づけてくれた。

TBS『夢の扉+』をご覧になった方からSNSに「私の住んでいる自治体にも円城寺さんのような人がいればいいのに」というメッセージをいただいたこともある。その人にぜひ伝えたいことは、出番を待っている熱い公務員たちが世の中にはたくさんいるし、きっとその人の住む自治体にもいるということだ。きっかけさえあれば人はいつでも「当事者」になることができるのだ。群馬県、埼玉県では片貝さん、草木さんとの出会いをきっかけに彼らの異動後も新しい担当者と引き続き意見交換をさせていただいた。埼玉県では後任の五十里《いかり》さんの尽力により予算がついて、全救急車へタブレット端末を配備し、情報ネットワークの整備を実現することができた。現在は熊谷渉《わたる》さんが隣県の群馬県との連携やデータ分析結果を医療政策へ反映するなどの取組みをしていただいている。群馬県では『夢の扉+』でもその活躍が取り上げられた武井伸門《のぶかど》さんが現場を自ら も回り、現場の声を反映して救急隊員の入力負担軽減のために「スマートフォン版」を実用化し、さらに変革を進めている。

救急医療の分野だけでなく、アフターファイブで時間外に自主的に学ぶ取組みも広がっている。熊本県庁では和田大志《たいし》さん、群馬県庁では折茂篤《おりもあつし》さん、茨城県庁の櫛木元成《かぶらぎもとなり》さん、相馬市の阿部勝弘《かつひろ》さん、そして最近ゲストとして呼んでいただいた東京都庁の上岡史孟《ふみたけ》さんたちががんばっている。

全国各地を回りすごい公務員たちがたくさんいることを知った。役所という堅い岩盤の下にはマグマのような熱い公務員たちがたくさんいる。きっかけさえあれば彼ら彼女らはいつでも飛び出してくるのだ。

黒澤明『生きる』で描かれた公務員の姿

それでは熱いマグマを押さえつけている役所という硬い岩盤は悪者なのか。私はそうは思わない。硬い岩盤だって元は同じマグマ、冷えて固まってしまっただけなのだ。黒澤明監督の名作『生きる』（1952年）で俳優・志村喬《たかし》さんが演じた主人公でやる気のない市役所の市民課長がまさにその冷えて固まってしまった岩盤そのものだろう。

この映画では冒頭に公務員を痛烈に批判するナレーションが流れる。

これがこの物語の主人公である。

しかし彼には生きた時間がない。つまり生きているとは言えないのである。

実際にこの男は20年ほど前から死んでしまっている。

それ以前は少し生きていた。少しは仕事をしようとしていた。

しかし今やそういう意欲や情熱は少しもない。

そんなものは役所の煩雑極まる機構とそれが生み出す無意味な忙しさの中でまったくすり減らしてしまったのだ。

忙しい、まったく忙しい。しかしこの男は本当は何もしていない。

この世界では地位を守るためには何もしないのが一番良いのである。


まさに硬い岩盤になってしまった無気力で自分の椅子を守るだけの主人公だったが、胃癌が見つかり余命いくばくもなくなった時に、生き生きとしている元市役所の臨時職員と出会い、彼の人生は息を吹き返した。死ぬ前に何か世の中の役に立つことをしたい。市民からの陳情であった公園をつくるために本気になって関係課を説得して回った。苦労の末に公園は完成したが、助役や所管課の公園課が「市役所は組織で仕事をしているんだ。彼ひとりがやったわけではない」――自分たちの手柄にしてしまった。それでも主人公は雪の降る公園で一人ブランコに乗って本当に楽しそうに「命短し恋せよ乙女」を唄いながら死んでいった。彼は人生を取り戻した。

彼は胃癌が見つかったことでスイッチが入った。私の場合は現場で困っている人の顔を見たことでスイッチが入った。地方創生や一億総活躍という言葉がよく使われている。本当に大切なことは、制度や補助金ではなく、結局のところ公務員に限らず日本に暮らす人たちにスイッチが入り当事者となることではないだろうか。私が勝手に師として尊敬している元世界銀行副総裁の西水美恵子《にしみずみえこ》さんにアフターファイブ勉強会のゲストとして佐賀で講演してもらったときにいただいた言葉を紹介したい。

「本気になれば何だってできる」

すべての人に世の中を良くする力がある

「草莽崛起《そうもうくっき》」という言葉がある。

明治維新の精神的指導者とされる吉田松陰《しょういん》が唱えたものだが、「草莽」つまり、草のようにどこにでもいる目立たない人たちが「崛起」、本気になって立ち上がることこそ変革の本質だ、という言葉だ。

課題や危機に気づいた人間がまず自分から立ち位置を変える。そして自分の行動を変え、あきらめずに周りを少しずつ巻き込み、空気を変えていく。流れを変えるにはそうした地道なことを一歩ずつ続けていくしかない。派手なパフォーマンスはたしかに見た目はいいが、地に足が着いていなければ前に進み続けていくことはできない。

自然界でいえば、波が寄せては引いていくことをくり返し、少しずつ地形を浸食して変化させていくようなものである。その瞬間だけを切り取ってみれば、大した変化もなく、大きな影響力もないように見えるかもしれない。

だが、あきらめずに続けていけば、どこかで必ず大きなうねりになる瞬間がやってくる。

普通と異なること、前例のないことをしたときの反対や反発は当たり前だ。それでも私心なくやり続ければ、必ず理解者や協力者が現れる。私が2010年に救急医療の変革を一人で始めた当初は、現在のような仕組みが生まれドクターヘリが佐賀の空を飛ぶようになるなど夢にも思わなかった。

わずか数年でも、状況は変革できる。批判され傷だらけになったとしても、最終的に「成し遂げる」ということが大事なのだ。

どんな小さなことでもいい。どんな目立たないことでも構わない。何事かを成し遂げる普通の人が一人でも増えれば、社会は良い方向に進む。

すべての人に世の中を良くする力がある。本書を通してそのことに気づいて行動する人が一人でもいたとしたら、「はみだし公務員」の汗と涙も報われる。

たった一冊の、しかも地方の一介の公務員が書いた本で世界や社会が変わるとは思わない。しかし、子どもの頃に母が町の小さな図書館から借りてきてくれた本で私の中の世界が広がり、父が持っていた歴史小説をきっかけに人生が変わったのも事実だ。

本書のタイトルになっている「県庁そろそろクビですか？」が冗談ではなくなるかもしれないが、たくさんの人に支えられ、ご縁をいただいて完成した本書が、少しでも読んでいただいた方のお役に立ったら嬉しい。

この本の私の印税などはすべて、ささやかではあるが、ふるさと納税やアフターファイブの費用など、佐賀県への恩返しを通して社会の役に立てたい。

この本を作る直接の機会をくださったお二人にも御礼を述べたい。

ひとりはジャーナリストの塩田芳享さん。無名の私や佐賀を『夢の扉』で取り上げていただき撮影でも本当にお世話になった。『夢の扉』はたくさんの人に観ていただき、小泉進次郎さんからは「感動しましたよ！」という激励のメッセージをいただいた。

そして同じように『夢の扉』をテレビでご覧いただき本書執筆のご提案をいただいた小学館の下山明子さん。下山さんにはプロフェッショナルな仕事と情熱をもって本を作ることの意味を教えていただいた。佐賀まで足を運んでいただき、貴重な時間をいただいて何度も話をさせていただいた。一介の公務員にとってこのような本を出すことは光栄なのだが、正直なところ個人的にはメリットよりもデメリットのほうが多い。それでも本を出そうと思ったのは、下山さんの情熱に共感したからに他ならない。

最後にこれまで私を支えてくれたすべての人たちに御礼を述べたい。本書では名前を出していないが、私をいつも応援してくれている同期や温かく見守ってくれる県庁の先輩方、そして職場の上司の皆様に感謝を述べたい。私のやっていることにいつもアドバイスをいただき本書も原案時からご意見をくれた方、救急車でのｉＰａｄ活用の相談に乗っていただいた尊敬する社長、首長の補佐役の軍師、救急医療変革の実現に尽力していただいたシステム企業や通信企業の皆様、絶対に会えないような政治の中心人物と話す機会をいただいている新聞社の編集委員、議会改革を行う兄弟子、そしてアフターファイブの勉強会に参加してくれる皆様たち。ありがたいことに県庁内外で尊敬できるたくさんの方々から成長や学ぶ機会をいただいている。本書が何らかの恩返しになれば、これ以上の喜びはない。

円城寺雄介

えんじょうじ・ゆうすけ

1977年、佐賀県出身。立命館大学経済学部卒業後、2001年、佐賀県庁入庁。全国初となる救急車でのｉＰａｄ活用、ドクターヘリ導入などで救急医療改革に取り組み、総務省ＩＣＴ地域マネージャーとして変革を全国に広げている。ＭＣＰＣアワード2012グランプリ・総務大臣賞、全国知事会先進政策大賞、マニフェスト大賞2013優秀賞などを受賞。公務員から政界までネットワークも広く、講演活動なども全国で積極的に行っている。現在は歴史研究と共に、ドローンなど最新技術活用にも取り組んでいる。

編集／下山明子

小学館新書 257

県庁そろそろクビですか？ 「はみだし公務員」の挑戦

二〇一六年二月六日　初版第一刷発行
二〇一六年三月九日　第二刷発行

著者　円城寺雄介
発行人　菅原朝也
発行所　株式会社小学館
〒一〇一―八〇〇一　東京都千代田区一ツ橋二―三―一
電話　編集：〇三―三二三〇―五七二四
販売：〇三―五二八一―三五五五

装幀　おおうちおさむ
印刷・製本　中央精版印刷株式会社

Printed in Japan　ISBN 978-4-09-825257-2